中国社会科学院国情调研特大项目"精准扶贫精准脱贫百村调研"

精准扶贫精准脱贫百村调研丛书

CASE STUDIES OF TARGETED POVERTY REDUCTION AND
ALLEVIATION IN 100 VILLAGES

李培林／主编

精准扶贫精准脱贫
百村调研·寺尔沟村卷

能人带动实施产业扶贫

王　红／著

社会科学文献出版社
SOCIAL SCIENCES ACADEMIC PRESS (CHINA)

中国社会科学院国情调研特大项目
"精准扶贫精准脱贫百村调研"
项目协调办公室

主　任：王子豪

成　员：檀学文　刁鹏飞　闫　珺　田　甜　曲海燕

总 序

调查研究是党的优良传统和作风。在党中央领导下，中国社会科学院一贯秉持理论联系实际的学风，并具有开展国情调研的深厚传统。1988年，中国社会科学院与全国社会科学界一起开展了百县市经济社会调查，并被列为"七五"和"八五"国家哲学社会科学重点课题，出版了《中国国情丛书——百县市经济社会调查》。1998年，国情调研视野从中观走向微观，由国家社科基金批准百村经济社会调查"九五"重点项目，出版了《中国国情丛书——百村经济社会调查》。2006年，中国社会科学院全面启动国情调研工作，先后组织实施了1000余项国情调研项目，与地方合作设立院级国情调研基地12个、所级国情调研基地59个。国情调研很好地践行了理论联系实际、实践是检验真理的唯一标准的马克思主义认识论和学风，为发挥中国社会科学院思想库和智囊团作用做出了重要贡献。

党的十八大以来，在全面建成小康社会目标指引下，中央提出了到2020年实现我国现行标准下农村贫困人口脱贫、贫困县全部"摘帽"、解决区域性整体贫困的脱贫攻坚目标。中国的减贫成就举世瞩目,如此宏大的脱贫目标世所罕见。到 2020 年实现全面精准脱贫是党的十九大提出的三大攻坚战之一,是重大的社会目标和政治任务,中国的贫困地区在此期间也将发生翻天覆地的变化,而变化的过程注定不会一帆风顺或云淡风轻。记录这个伟大的过程,总结解决这个世界性难题的经验,为完成这个攻坚战献计献策,是社会科学工作者应有的责任担当。

2016 年,中国社会科学院根据中央做出的"打赢脱贫攻坚战"战略部署,决定设立"精准扶贫精准脱贫百村调研"国情调研特大项目,集中优势人力、物力,以精准扶贫为主题,集中两年时间,开展贫困村百村调研。"精准扶贫精准脱贫百村调研"是中国社会科学院国情调研重大工程,有统一的样本村选择标准和广泛的地域分布,有明确的调研目标和统一的调研进度安排。调研的 104 个样本村,西部、中部和东部地区的比例分别为 57%、27% 和 16%,对民族地区、边境地区、片区、深度贫困地区都有专门的考虑,有望对全国贫困村有基本的代表性,对当前中国农村贫困状况和减贫、发展状况有一个横断面式的全景展示。

在以习近平同志为核心的党中央坚强领导下,党的十八大以来的中国特色社会主义实践引导中国进入中国特色社会主义新时代,我国经济社会格局正在发生深刻变化,脱贫攻坚行动顺利推进,每年实现贫困人口脱贫 1000 多万人,贫困人口从 2012 年的 9899 万人减少到 2017 年的 3046 万人,在较短时间内实现了贫困村面貌的巨大改观。中国社会科学院组建了一百支调研团队，动员了不少于500名科研人员的调研队伍，付出了不少于3000个工作日，用脚步、笔尖和镜头记录了百余个贫困村在近年来发生的巨大变化。

根据规划，每个贫困村子课题组不仅要为总课题组提供数据，还要撰写和出版村庄调研报告，这就是呈现在读者面前的"精准扶贫精准脱贫百村调研丛书"。为了达到了解国情的基本目的，总课题组拟定了调研提纲和问卷，要求各村调研都要执行基本的"规定动作"和因村而异的"自选动作"，了解和写出每个村的特色，写出脱贫路上的风采以及荆棘！对每部报告我们都组织了专家评审，由作者根据修改意见进行修改，直到达到出版要求。我们希望，这套丛书的出版能为脱贫攻坚大业写下浓重的一笔。

中共十九大的胜利召开，确立习近平新时代中国特色社会主义思想作为各项工作的指导思想，宣告中国特色社会主义进入新时代，中央做出了社会主要矛盾转化的重大判断。从现在起到2020年，既是全面建成小康社会的决胜期，也是迈向第二个百年奋斗目标的历史交会期。在此期间，国家强调坚决打好防范化解重大风险、精准脱贫、污染防治三大攻坚战。2018年春节前夕，习近平总书记到深度贫困的四川凉山地区考察，就打好精准脱贫攻坚战提出八条要求，并通过脱贫攻坚三年行动计划加以推进。与此同时，为应对我国乡村发展不平衡不充分尤其突出的问题，国家适时启动了乡村振兴战略，要求到2020年乡村振兴取得重要进展，做好实施乡村振兴战略与打好精准脱贫攻坚战的有机衔接。通过调研，我们也发现，很多地方已经在实际工作中将脱贫攻坚与美丽乡村建设、城乡发展一体化结合在一起开展。可以预见，贫困地区的脱贫攻坚将不再只局限于贫困户脱贫，我们有充分的信心从贫困村发展看到乡村振兴的曙光和未来。

是为序！

全国人民代表大会社会建设委员会副主任委员

中国社会科学院副院长、学部委员

2018 年 10 月

前　言

　　消除贫困是我国实现"到2020年全面建成小康社会"奋斗目标的重要内容。党的十九大报告指出"让贫困人口和贫困地区同全国一道进入全面小康社会",重申了到2020年我国现行标准下农村贫困人口实现脱贫的庄严承诺,并要求做到"真脱贫",从而使这一部分贫困群体有机会有能力走上自我发展的道路,也能够分享我国经济增长的成果。实现"真脱贫"需要精准区分两类贫困人口,为难以通过自身和市场实现脱贫的贫困人口提供风险保障和兜底保障;鼓励绝大部分贫困户通过市场获得回报。对于后一类贫困户来说,需要积极利用当地具有特色的农业资源禀赋,创新和改进当地小农经济的产业发展方式,提高小农经济的市场效益,通过产业发展增强贫困人口创收增收的能力。

　　目前我国脱贫攻坚任务艰巨,国家颁布和实施了一系列的精准扶贫政策,扶贫力度提高到了前所未有的程度。贫困村庄是我国落实国家扶贫政策的最基础单位,是我国脱贫攻坚战的最前沿阵地。村庄调研将帮助我们从村庄这一微观层面了解和分析贫困村庄的贫困状况、脱贫动态和社会经济发展趋势,从村庄脱贫实践中总结当前精准扶贫和精准脱贫的经验教训，这对于促进我国的扶贫脱贫进程、有效解决我国农村发展问题、构建和谐社会具有重要意义。中国社会科学院组织的"精准扶贫精准脱贫百村调研"课题子课题组对青海省海北藏族自治州门源回族自治县东川镇寺尔沟村开展调研，为了解基层贫困情况及扶贫工作提供了一个良好的机会。本书是对该村以产业扶贫为主线实施精准扶贫实践的调研报告。

本报告概括了寺尔沟村所在地区和寺尔沟村的基本情况；在村庄调研和入户调查的基础上，探讨了该村人口与劳动力流动情况；研究了村庄农业生产与经营、农户家庭收入与支出、村民家庭和社会生活、村民社会保障等情况；了解了村庄精准扶贫精准脱贫政策和措施，并对寺尔沟村产业扶贫项目的进展情况、实施效果、影响与存在的问题进行了调查分析。本调研报告对寺尔沟村的经济与社会发展现状进行了客观评价，对寺尔沟村开展的精准扶贫精准脱贫工作有了较为深刻的认识。

寺尔沟村位于达坂山脚下、浩门河南岸，是青海省海北藏族自治州门源回族自治县东川镇脑山半脑山地区的一个省定重点贫困村，2016 年该村有精准识别建档立卡贫困户 45 户 152 人，贫困户比例和贫困发生率分别为 18% 和 14%，高于海北州和门源县的平均水平。与当地其他贫困村庄相比，寺尔沟村的自然资源和区位因素具备更多的优势，气候相对暖和，土壤比较肥沃，水资源相对丰富，具备生产绿色农产品的条件；近年来的基础设施升级改造极大地改变了村庄的生产生活条件，为村庄与外界的商品、信息交换提供了必要的条件。

不过，寺尔沟村经济活动仍以传统的农牧业为主，产业结构单一，规模小、附加值低、抗风险能力弱，限制了贫困农牧民增加收入的途径。另外，贫困户家庭健康状况较差、技能水平较低，在劳动力数量和结构、务工天数、日均收入等方面与非贫困户存在显著的差异，影响了贫困户的劳动创收能力；由于贫困户疾病或残疾发生率更高，贫困户的医药费用等成本大大增加。寺尔沟村贫困户收入增长缓慢、家庭支出费用增加，造成了寺尔沟村贫困人口的"收少支多型"贫困。

　　针对不同的贫困人口，需要精准区分两种类型。对那些没有条件通过自身努力和市场回报实现脱贫的贫困人口，国家的扶贫政策是为贫困村民们提供风险保障和兜底保障来实现脱贫。对于那些有一定劳动能力，但在自身条件及当地经济发展水平的制约下尚未脱贫的贫困村民，促进贫困地区特色产业发展是提升贫困村民自身发展能力、实现造血式"真脱贫"的一个重要手段。

　　为此，本书重点探讨了寺尔沟村产业扶贫议题。产业扶贫专题总结了青海省和门源县的产业扶贫政策和措施，讨论了寺尔沟村开展产业扶贫的优势条件，分析了产业扶贫项目的运行机制、利益分享机制、建设运营情况、长期运行成效，研究了产业扶贫项目主体是否真正取得了市场竞争力，贫困农户是否真正提高了技术和市场能力，是否获得了长期稳定的增收途径，还总结了项目运营过程中存在的问题。寺尔沟村产业扶贫的专题讨论对我国进一步完善产业扶贫项目的实施机制具有一定的参考和指导意义。

目　录

第一章

寺尔沟村概况及调研方法

寺尔沟村隶属于青海省海北藏族自治州门源回族自治县东川镇，距省会西宁 150 公里，距高铁门源站 40 公里。位于青藏高原东北部、青海省北部、海北州东部、黄河支流大通河（在门源境内，亦称浩门河）源头地区门源盆地，还属于环青海湖经济区承东启西的农牧结合部。从海拔和地势上来说，属于海拔较高的高山地区（当地称为"脑山"地区或"半脑山地区"）。气候冷凉，适宜种植青稞、油菜等生长期短的农作物，土壤、空气、水质等环境条件好，具备发展绿色农业的环境条件。寺尔沟村的产业结构以规模小、附加值低的农牧业为主，是一个位于青海省省级贫困县、深度贫困乡的贫困村。

第一节　寺尔沟村所在地区的基本情况

一　海北藏族自治州

海北藏族自治州是一个以藏族为主体民族的多民族聚集地区，是王洛宾先生创作著名歌曲《在那遥远的地方》时的采风地。其位于青藏高原东北部、黄土高原西缘，地处祁连山中部地带，属于环青海湖经济区承东启西的农牧结合部，为高原大陆性气候，寒冷期长，温凉期短，光照充足，干湿季分明，雨热同季，无绝对无霜期。海拔超过3000米的面积占全州总面积的85%以上。根据地势特点，全州分为祁连山高原地貌区、青海湖北部滨湖地貌区和浩门河河谷地貌区。浩门河河谷地貌区包括门源县全部，浩门河水由西北向东南流贯其中，西北低山丘陵广布，东部为深山峡谷，自然地理条件复杂，生态环境高度脆弱。境内水利资源极为丰富，人均流量20600立方米。动植物资源丰富。仙米国家森林公园是青海省面积最大的林区，公园覆盖门源县东川、仙米、珠固三个镇。

2017年，海北藏族自治州地区生产总值为82.9亿元，第一、第二、第三产业比重分别为24∶29∶47。青稞和马铃薯为主要农作物；光伏发电、水力发电、铜矿采选、食用植物油加工等为主要工业产业。全州全体居民人均可支配收入为17660元，其中城镇常住居民为29267元，农村常住居民为11714元。城镇和农村居民人均可支配收入虽略高于全省平均水平，但从青海全省来看，海北藏族自治州经济总量低，交通、通信、住房等基础设施薄弱，第三产业规模较小。

海北州的贫困特点是贫困人口分布广、脱贫难度大、贫困区域性特征突出、贫困程度深。截至 2016 年底，全州有贫困村 86 个，贫困人口 7133 户、2.27 万人，贫困发生率为 7.3%。贫困地区和大部分贫困人口集中在自然条件严酷的半脑山农区、草场退化严重的高寒牧区。半脑山地区是海拔在 2600 ~ 2800 米的山区，脑山地区是海拔在 2800 米以上的山区。脑山地区降雨量较大，植被以低矮草木为主，适宜畜牧业生产。半脑山地区降水量时空分布不均，雪灾等自然灾害频繁，生产生活环境恶劣。这两类地区经济发展滞后，基础设施相对薄弱，抗灾能力较弱，因此贫困群众增收瓶颈因素多，致富渠道狭窄，脱贫成本高、难度大。目前海北州精准扶贫力度大、成效显著，但还存在基础设施发展滞后、产业扶贫带动力不强、"造血式"扶贫机制建立困难等问题[1]。

二 门源回族自治县

门源回族自治县是古丝绸之路辅道和新"丝绸之路经济带"的重要节点，秦汉以来，月氏、匈奴、吐谷浑、吐蕃、党项等众多民族先后在此游牧生息，是青海省的"北大门"。

---

[1] 马斌毅、朱成青：《青海省民族自治地区精准扶贫问题研究——基于海北藏族自治州的调查》，《攀登》2018 年第 1 期。

门源回族自治县距青海省省会西宁150公里，东出240公里与甘肃省省会兰州相接，北走109公里直通河西走廊，国道227线和兰新铁路第二双线，规划中的宁张、宁武高速公路穿境而过，是兰西格经济带发展轴线的核心区域。

门源县是黄河支流大通河源头地区，县境内浩门河由西北向东南流贯全境，形成了以祁连山、大通河、达坂山为主体，山川相连、沟谷相间的复杂地貌。共分为三个地理区域，即西部丘陵高原，主要为牧业区；东部大通河峡谷，地势陡峭，主要为林区，兼营小块农业和畜牧业；中部门源盆地，地形开阔平坦，是主要的农业区。

门源县属青藏高原寒温湿润气候带，年降雨量530~560毫米，气候冷凉，无绝对无霜期，日照时间长，太阳辐射强，昼夜温差大。农作物病虫害发生概率低，适宜种植青稞、油菜等生长期短的农作物。门源县境内现有的工业企业主要为水电资源开发和农畜产品加工产业，基本没有工业污染源；农业生产也长期保持较低水平的化肥、农药等投入；土壤、空气、水质等环境条件优良，符合无污染绿色农业生产的要求，具备良好的发展绿色农业的环境条件。当地的油菜、青稞和牛羊肉等农产品是优质的绿色食品，深受青海省各族群众的喜爱。

门源县是河湟地区和河西走廊重要的水源涵养区和补给地。县域内有31条流域面积为50平方公里以上的河流，大通河自西向东贯穿全境，水资源储量达26亿立方米。森林及野生动植物资源丰富，森林覆盖率达39%。生态与旅游资源得天独厚，西部是祁连山金牧场和环湖地区海拔最高的岗什卡雪峰，中部是百里油菜花海，东部的仙米国家森林公园距离寺尔沟村仅 25 公里。还有卡约、辛店文化遗址，汉、唐、宋时期的多处文物古迹和风景名胜，74 座清真寺和 3 座藏传佛教寺院，形成了丰富的民俗文化和自然人文景观。

门源县土地总面积为 6902.26 公顷，其中农业用地占总面积的 87.4%，人均耕地为 2.5 亩；各类草场面积为 686 万亩，其中可利用草场面积为 583 万亩。经济发展以农牧业为主，种植业以油菜、青稞种植为主，兼有豌豆、小麦、马铃薯种植等。畜牧业基本形成了以牛肉、羊肉、猪肉、牛奶、绒毛为主的特色畜产品加工生产基地。2017 年门源县城镇居民人均可支配收入为 29014 元，农村居民人均可支配收入为 10525 元。地区生产总值为 30.6 亿元，受采矿企业停产的影响，地区生产总值较上年下降了 17.6%。

门源县是青海省省级贫困县，自然环境、资源条件和区位条件不佳是其贫困长期存在的主要原因。门源县位于高原地区、农业生产的极限地带，自然灾害多发，旱灾危害最大，局部地区易受霜冻、雪灾和冰雹危害。2016 年当地就发生了多次自然灾害，给全县经济社会发展造成了重大损失。大部分贫困村就位于自然环境恶劣、自然灾害多发的区域。受资金、交通、信息等因素影响，农民文化知识更新慢、信息不通、资金短缺，制约了当地农牧民增收①。2015 年底，门源县按照国家统一制定的扶贫对象识

---

① 陈来生、霍学喜：《我国绿色农业发展途径和体系建设探讨——以青海门源盆地为例》，《开发研究》2006 年第 4 期。

别办法，识别出 44 个贫困村，建档立卡贫困户 3312 户、11600 人，贫困发生率为 8.5%。截至 2017 年底，门源县贫困人口动态调整为 3223 户、11363 人，贫困发生率为 7.0%。核定全县贫困边缘户 1984 户、8047 人；深度贫困乡镇 2 个（东川镇为其一）。

门源县在脱贫攻坚推进中存在一些难点问题。门源县农牧业基础薄弱，产业结构单一，种植业效益低下，加之受自然条件、市场规模、劳动力等因素的制约，贫困地区的主导产业尚未形成规模，还不具备持续促进贫困群众增收致富的能力。针对农户的产业帮扶工作起步较晚，致富产业选择培育难，大部分贫困户从事传统的农牧业生产，规模小、科技含量低、抗风险能力弱。同时，受海拔较高、纬度靠北等因素影响，当地冬季漫长、夏季短暂，一年的有效施工期不足 6 个月，导致这些地区的交通、水利、卫生等基础设施建设较缓慢。另外，随着经济发展新常态和生态保护力度加大，第二、第三产业给农牧民提供的就业机会开始减少，贫困群众增收空间收窄。这些矛盾和困难加大了门源县提前整体脱贫的难度。

针对这些难点问题，门源县通过蹲点调研、结对认亲、第一书记驻村等工作形式，以精准到户、精准到人的方式分析贫困户致贫原因，制订每户脱贫计划，激发群众自我发展动力，通过发展产业、参与投资分红、资产收益等方式增加贫困农民的收入。门源县制订了脱贫攻坚行业扶贫计划和实施方案，形成了专项扶贫、行业扶贫、社会扶贫"三位一体"大扶贫格局。截至 2018 年，门源县综合贫困发生率降至 3% 以下，贫困人口漏评率和脱贫人口错退率低于 2%，群众认可度在 90% 以上，已达到贫困县退出标准。根据中共中央办公厅、国务院办公厅《关于建立贫困退出机制的意见》和中共青海省委办公厅、青海省人民政府办公厅《青海省贫困县退出专项评估检查暂行办法》有关规定，门源县于 2019 年 5 月进行了贫困县退出公示。

三 东川镇

东川镇位于门源县境东中部。门源县分为 3 个地理区域，西部丘陵高原，主要为牧业区；东部大通河峡谷，地势陡峭，主要为林区；中部门源盆地，地势平坦，主要为农业区。东川镇一般被认为是位于门源盆地的 8 个农区牧业社之一，不过从其所处的地理位置和地形地貌来说，东川镇应属于大通河峡谷区和门源盆地的过渡地带，兼有两个区域的地理和环境特点。既有气候暖热、地形开阔平坦的农业社，也有处于脑山半脑山地区的农牧结合村社。寺尔沟村即为东川镇一个脑山半脑山地区农牧结合的村社。

东川镇东与仙米乡接壤，西与泉口镇相邻，南以浩门河与阴田乡为界，北与祁连山北麓和甘肃省肃南县毗连。东川岗木公路、开工新建的宁武高速公路穿境而过。辖区内有 12 个行政村、89 个生产合作社和 1 个社区居民委员会。镇政府位于孔家庄，距县城东 24 公里，是县内正在兴起的一个新集镇。

东川镇辖区内有辛店、卡约文化遗址及岗龙石窟、麻当天然林区等旅游资源。共有耕地 62966 亩，草场 51 万亩，林地面积 3.1 万亩，有大量野生动植物资源。东川镇利用气候相对暖和的优势，着力发展特色种养业，建设蔬菜种植基地，辐射带动当地农户增收、增加就业，扶持经济能人和养殖大户发展舍饲养殖。2017 年，全镇农村经济总收入为 20658 万元，第一、第二、第三产业比重约为 44：5：51，农牧民人均可支配收入为 11057 元。

东川镇基础设施和公共服务日趋完善。镇政府所在地设有兽医站、农机站、农技指导站、农贸市场、邮电所等。全镇有中学 1 所、小学 9 所（其中寄宿制小学 1 所）、幼儿园 14 所、卫生院 2 所、村级卫生室 22 所。东川中学建校早，文化基础好，1998 年被定为"国家贫困地区义教工程项目学校"，修建了逸夫教学楼，拥有电教室、实验室、图书室、活动室等，初具现代化办学规模。中心卫生院即东川镇中心卫生院，医疗设施比较齐全，医疗队伍健全，2015 年荣获国家卫生计生委"2014~2015 年度群众满意的乡镇卫生院"，功能定位明确，管理规范，服务水平较高，医改任务落实较好，群众满意度较高，代表了目前全国乡镇卫生院的管理和发展水平。全镇通有线电视村 16 个，通公路村 17 个，通宽带村 18 个，通电话村 19 个，自来水受益村 20 个，集贸市场 1 处，休闲健身广场 9 处。

东川镇是门源县 2017 年核定的两个深度贫困乡镇之一，辖区内很大一部分村社处于脑山半脑山地区，居住分散，土地贫瘠，贫困村和贫困户比例、贫困发生率均高于门源县的平均水平。广大群众改善生存环境、加快脱贫步伐的愿望异常强烈。东川镇通过实施整村推进、易地扶贫搬迁等项目，累计实现脱贫 930 户、3179 人。2015 年以来精准识别出建档立卡贫困户 489 户、1695 人，有 5 个省定重点贫困村（包括寺尔沟村）、3 个州定贫困村。

东川镇根据贫困户不同的致贫原因和程度、不同的扶持需求和发展意愿，对贫困户从产业扶贫、教育扶贫、就业扶贫、保障扶贫、医疗扶贫、社会扶贫、结对帮扶、金融扶贫、行业扶贫、科技扶贫等 10 个方面实行分类施策。8 名第一书记和 8 名扶贫工作队成员以及联点单位成员与全镇 489 户贫困户建立了处级、科级、普通干部三级联点结对帮扶机制。对有劳力但缺门路、缺技术、缺资金的贫困户，围绕生态畜牧业养殖、特色种植、畜产品加工、乡村旅游、民族手工艺品加工等特色产业，积极开展产业扶贫，开展技能培训、岗位实地培训。对发展产业选择难和无劳动能力的贫困户，探索资产收益、低保兜底等方式，建立长期受益的扶贫机制。针对个别贫困户因自我发展潜力不足、无增收项目和致富门路的困难，东川镇结合实际开展资产收益扶贫，将扶贫项目产业资金投入当地种养合作社进行资产收益分红，提高贫困户的收入。经过认真排查摸底，精准甄别，确定了 404 户、1470 人享受资产收益项目，确定了对门源县有福特色养殖专业合作社等 4 个合作社和企业进行投资。2016 年在寺尔沟村建立了村企生态养殖合作社。截至 2017 年，全镇 132 户贫困户按期领取分红金为 34.51 万元。其中，门源县村企生态养殖专业合作社向寺尔沟村 42 户、148 人分红 9.472 万元，人均分红 640 元。

第二节　寺尔沟村的基本情况

一　基本情况

寺尔沟村是一个自然村，位于浩门河南岸、达坂山脚下，是东川镇脑山半脑山地区的一个贫困村社。村域土地面积为53.3平方公里（8万亩），耕地面积为3041亩。距离东川镇政府13公里，距离县城浩门镇35公里，最近的公交车站位于寺尔沟村口，距离村址步行1.5公里（见表1-1）。浩门河支流寺尔沟河由南向北穿过房屋、农田和草场。村庄的河谷地带地形开阔平坦；沿寺尔沟河逆流而上，则进入了高山地区林地与草场兼有的脑山区。

表1-1　寺尔沟村自然地理概况

项目	概况	项目	概况
地貌	脑山半脑山地区	距县城浩门镇的距离（公里）	35
村域面积（平方公里）	53.3	距东川镇政府的距离（公里）	13
自然村（个）	1	距最近的车站的距离（公里）	1.5
村民组数（社）	6	行政合并或分离历史	无

资料来源：精准扶贫精准脱贫百村调研寺尔沟村调研。

说明：本书统计图表，除特殊标注外，均来自寺尔沟村调研。

寺尔沟村为一个自然村，有6个生产合作社。2016年共有农户251户、1079人，平均每户4.3人；约1/3为少数民族，主要为藏族、蒙古族和土族。一直以来，寺尔沟村地处偏远，交通不便，对村民脱贫致富产生了

精准扶贫精准脱贫百村调研·寺尔沟村卷

很大的阻碍。不过，2014年兰新高铁的开通有力地推动了门源县经济、交通、旅游等各方面的蓬勃发展。寺尔沟村距离高铁门源站40公里，高铁的开通为寺尔沟村民融入外部经济、接受外来知识经验带来了很多便利。

寺尔沟村经济以种植业和养殖业为主，主要种植牧草、油菜、马铃薯等，2016年粮食作物播种面积为2207亩；主要养殖牛和羊，约60%的农户养殖牛、60%的农户养殖羊。2014年新建幸福大院1处，共有10间房屋，可安置5户。村内主干道路全部硬化，支干入户路尚未硬化。现有走教点1处，卫生室1所。

寺尔沟村是东川镇脑山半脑山地区的一个贫困村社。近年来，在国家政策的扶持下，寺尔沟村在基础设施、特色产业、良好村风三方面逐渐完善，昔日小山村逐步发展成为一个田园美、村庄美、生活美的"最美乡村"。先后荣获"民族团结进步达标村""高原美丽乡村建设工作先进村""政法维稳工作先进集体"等荣誉，2016年被评为海北州"美德乡村"。

二　自然条件

寺尔沟村平均海拔高度为2760米，年降水量为510毫米，年均气温1℃，属冷凉、湿润的高原大陆性气候。日照长，太阳辐射强，气候垂直分布明显，昼夜温差大，冬长寒冷，夏短凉爽，无绝对无霜期，自然灾害较频繁。土壤类型较多，按海拔由高到低依次为高山寒漠土、高山草甸土、山地草原草甸土、灰褐土、黑钙土和果钙土。土壤土体较厚，一般达 60~100 厘米，土壤质地多为壤质，砂质较少，土壤容重适中，土壤疏松，结构较好，适宜牧草生长。寺尔沟村的地势、气候和土壤条件，造就了该村农、林、牧交错的地貌特点和半农半牧的生产方式。

寺尔沟村生态优势明显。村庄"两山夹一谷，谷中一村落"①，风景秀丽，空气清新。夏日走进寺尔沟村，就会看见寺尔沟河贯穿山谷，小河两岸的农田里大片的油菜花绽放着金黄色的花朵，苗壮的马铃薯秧上也盛开着白色、紫色的花朵。顺着河谷逆流而上，会看到湛蓝的天空下远处的山坡上松柏苍翠挺拔，林下花草茂盛；顺着山势而上是连绵不断的高原草场，成群的牛羊在安静地吃草或游荡，确实是一个静谧美丽的高原小村庄。

三 人口及贫困情况

2016 年，寺尔沟村共有农户 251 户、1079 人，平均每户 4.3 人，全部为本地户。村民中汉族占绝大多数，有 181 户、729 人；有少数民族 70 户、350 人，主要为藏族、蒙古族和土族；根据全村人口名单，汉、藏、土和蒙古族分别占全村人口的 67%、25%、5% 和 3%；实际贫困户 45 户、152 人，非贫困户为 206 户、927 人；低保户 32 户（同时也是低保兜底户）、112 人；五保户 3 户、6 人，其中女性 2 人；残疾人 32 人，其中女性 7 人。全村新农合参合

---

① 海北新媒:《第二届海北最美乡村（四）青山绿水美田园: 寺尔沟村》，金门源信息网，http://www.qh.xinhuanet.com/myx/2018-07/03/c_1123073123.htm。

率达 100%，新农保参保率达 94%（见表 1-2）。

寺尔沟村是青海省省定重点贫困村。按照国家新的扶贫标准，2016 年寺尔沟村有精准识别建档立卡贫困户 45 户、152 人，实际贫困户亦为 45 户、152 人，贫困户比例和贫困发生率分别为 17.9% 和 14.1%；贫困发生率大大高于海北州 7.3% 和门源县 8.5% 的水平，基本上和东川镇平均水平相当。根据青海省精准扶贫信息化服务平台[①]寺尔沟村的数据，寺尔沟村贫困人口的致贫原因是多重的，主要包括交通落后、缺资金、缺劳力、缺技术、因学、因残、因病等。

表1-2　寺尔沟村人口及贫困情况

项目	户数（户）	人口（人）
全村合计	251	1079
汉族	181	729
少数民族	70	350
建档立卡贫困户	45	152
实际贫困户	45	152
低保户	32	112
五保户	3	6
文盲、半文盲人口	—	275
残疾人口	—	32

四　土地资源与利用

寺尔沟村土地面积为 8 万亩，其中耕地面积为 3041 亩，全部是旱地，有效灌溉面积为零；人均耕地

---

① http://www.qhjzfp.net.

面积为 2.82 亩。有林草结合的牧草地面积为 40629.6 亩，约占全村总面积的 51%，其中 790.3 亩是近年的退耕还林面积。2015 年经批准开发了 30 亩畜禽饲养地，归村企养殖场使用。寺尔沟村的耕地和林草地主要为脑山坡地。农用地中属于农户自留地的面积为 120 亩。没有未发包的集体耕地（见表 1-3）。

寺尔沟村的耕地由村民承包。寺尔沟村第一轮土地承包开始时间与全国大部分地区相同，为 1983 年，承包期为 15 年。第二轮土地承包始于 1997 年，承包期延长为 30 年，至 2026 年 12 月。在第二轮土地承包期内，寺尔沟村进行了一次土地调整，涉及全村所有的 3041 亩耕地。2015 年，根据青海省农牧厅、财政厅、国土资源厅《青海省 2015 年农村土地承包经营权确权登记颁证工作实施方案》的要求，门源县需完成 50.69 万亩（国土二调数据）土地承包经营权确权登记颁证工作任务。2017 年初，门源县东川镇农村土地承包经营权证书发放工作有序推进，寺尔沟村农户已领到政府统一印制的农村土地承包经营权证书。寺尔沟村林草结合的 4 万多亩牧草地未承包到户，为集体所有。

自 1997 年实施第二轮土地承包制以来，寺尔沟村的土地利用方式基本保持不变；只是在 2016 年有 170 户村民参与了耕地和山林地等流转，流转耕地面积约 1000 亩，平均租金为每年 120 元，主要用于村企种植牧草。寺尔沟村未被国家征用耕地，没有闲置抛荒耕地（见表 1-3）。

表1-3　寺尔沟村土地资源及利用情况

指标	数量	指标	数量
耕地面积（亩）	3041	2016年底土地确权登记发证面积（亩）	3041
有效灌溉面积（亩）	0	全年国家征用耕地面积（亩）	0
园地面积（亩）（桑园果园茶园等）	—	农户对外流转耕地面积（亩）	1000
牧草地面积（亩）（林草结合）	40629.6	农户对外流转山林地面积（亩）	—
退耕还林面积（亩）	790.3	参与耕地和山林地等流转农户数（户）	170
畜禽饲养地面积（亩）	30	村集体对外出租耕地面积（亩）	—
农用地中属于农户自留地的面积（亩）	120	村集体对外出租山林地面积（亩）	—
未发包集体耕地面积（亩）	0	本村土地流转平均年租金（元）	120
第二轮土地承包期内土地调整次数（次）	1	全村闲置抛荒耕地面积（亩）	0
土地调整面积（亩）	3041		

五　经济发展情况

种植业和养殖业是寺尔沟村的主要产业。全村耕地面积为3041亩，主要种植作物有青稞等粮食作物和牧草、油菜等经济作物。2016年，农作物总播种面积为3041亩，其中牧草播种面积为2500亩，油菜播种面积为300亩，马铃薯播种面积为241亩。

大部分农户从事养殖业生产，养牛及养羊的农户数量各占全村农户总数的60%左右。150多户散养牦牛，2016年的存栏量为2687头；150多户养羊，存栏量为6300多头。肉牛养殖品种主要为牦牛和西门塔尔肉牛；羊的品种主要为湖羊和藏羊等。2014年，村里一些农户自发成立了一个生态养殖合作社，主要发展牦牛养殖、特种养殖（白牦牛）、牛羊繁育育肥、饲草种植销售等业务。

2016年前，寺尔沟村没有任何集体经济，没有从事第二产业的企业或家庭。只有几个家庭从事第三产业的经营，主要是几位农户在县外从事餐饮业，餐饮企业数达到了10家；另外有3户在村内经营小卖部，属于小本经营，规模小，主要是为满足村民的日常生活和生产需要。2016年，寺尔沟村成立了门源县村企生态养殖专业合作社，开展产业发展扶贫。项目总投资为326.72万元，主要用于养殖设施的固定资产投入及合作社的资金流动（见表1-4）。

表1-4　2016年寺尔沟村经营主体与集体企业情况

项目	数量
农民合作社数（个）	2
专业大户数（个）	19
农业企业数（个）	1
餐饮企业数（村民在村外开）（家）	10
批发零售、超市、小卖部数（个）	3
村集体企业数（个）	1
村集体企业资产估价（万元）	326.72
从业人员数（人）	6

六　村庄基础设施

近年来，寺尔沟村的基础设施有了长足的发展，目前能够满足村民基本的道路、用电、通信、饮水、幼儿教育需求。通村道路主要是硬化路（水泥和砂石路），宽为

3.5 米，长度为 6 公里。村内通往六社的道路长度共有 16 公里，皆为未硬化的路段，雨雪天出行较为困难。入户路除有少数几户直接连接到入村的硬化公路外，其他一半是泥土路，另一半是砂石路，但是离硬化公路的距离近，平均仅为 160 米，最远仅为 500 米。自 2016 年起，门源县先后整合党政军企共建、村容村貌综合整治、高原美丽乡村等项目资金，在寺尔沟村开展最美乡村建设，实施了道路、水电、文化广场等一大批基础设施项目，共硬化道路 11.6 公里，新建改造村级广场 2 个、村级卫生室 1 处、与卫生室配套的药店 1 个，有走教点 1 处，还实施了寺尔沟村危岩体治理、河道治理等工程项目，修建了桥涵 2 座。

村庄用电条件在 2015 年得到了改善。随着农牧民生活水平的不断提高，空调、彩电、冰箱、冰柜等大功率电器大量进入农民家庭，农村用电负荷节节攀升，一些设备和线路难以满足农民用户正常的用电需求。2015 年，为了进一步适应村庄用电需求快速增长的需要，青海省开展农村电网改造工程，寺尔沟村也在改造升级范围之内，农村配电网络得到提升，电网供电能力和供电可靠性显著提高，村庄生产生活条件得到进一步改善。目前，寺尔沟村 251 户家庭全部通电，有 221 户村民家庭受益于电网改造升级。民用电价为 0.53 元 / 度，属于村民能够接受的电价范围。2016 年停电的次数仅有 5 次，并不频繁。

村庄饮用水源一半是经过净化处理的自来水，一半是受保护的井水和泉水。几乎全部实现管道供水入户，不存在饮水困难和间断取水的困难。2016 年，寺尔沟村开展最美乡村建设，实施了安全饮水工程，进一步改善了村庄的饮水问题。

全村所有村民家庭都收看卫星电视。手机信号覆盖了全村范围的70%。

村庄垃圾收集设施不完善，垃圾收集和处理存在一定的局限性。寺尔沟村有251户家庭，对于生活垃圾有一半农户为随意丢弃，另一半为定点丢弃。另外，该村是一个传统的养殖村庄，村民分散或集中养殖大量牛羊，由于很多农户的牛棚羊圈就在院落附近或宅院里，村内存在秸秆饲草随意堆放的现象，而且牛羊每天产生的大量粪便也没有进行妥善的处理，在一定程度上影响了村容村貌，对村庄的卫生环境也有一定的影响。针对这一问题，村集体安排了3名贫困人员作为专职保洁员，对重点地段进行日常清扫，对村庄道路沿线、河道实行不间断巡查清理，并建立完善了垃圾定点堆放、定期清运制度。不过，有一些地段还是处于无专人管理、由村民自行负责的状态，垃圾收集不到位。

第三节　调研方法与数据来源

一　调研方法

课题组对寺尔沟村调研采用了多种方法。第一是访谈调查法，包括个别访谈、集体访谈，必要时开展电话访谈。第二是实地观察法，课题组成员到县、乡和镇进行实地观察，获得直接的、生动的感性认识和真实可靠的第一手资料，并通过音像手段进行保存。第三是会议调查法，课题组通过与省、县扶贫单位召开小型座谈会议开展调研，有助于了解总体现状和政策措施。第四是抽样问卷调查法，村庄调查和入户调查都采取这种方法，问卷由中国社会科学院科研局统一编制，科学抽取被调查的家庭户，以取得较为规范、统一和完整的信息。第五是典型调查法，对有代表性的农户进行较为深入的调查研究。第六是文献调查法，通过对当地和国家有关精准扶贫的文献进行搜集和摘取，进一步提升本次调研的深度。

二 资料与数据来源

本书所涉及的资料和数据有以下几处来源。①政府相关部门提供的省、县、镇及村的有关数据。②寺尔沟村村委会和村党委提供的数据。包括村庄人口数据、各类国家补贴数据、村两委档案文件、建档立卡贫困户档案以及村干部工作笔记等。少数村委会提供的数据为村干部根据全村经济社会情况的估算，与按抽样户调查数据推算所得存在少许误差，但是差异很小。③本课题组调研所得数据，包括村庄调研和入户调研。调研方法有多种，包括访谈调查、实地观察、会议调查、抽样问卷调查、典型调查和文献调查法。本课题组于 2016 年 12 月开展了村庄调研；

2017 年 2 月开展了针对贫困户和非贫困户的抽样问卷调查和其他访谈调查，样本数量为 61 户，涉及 244 人，其中贫困户 31 户、108 人，非贫困户 30 户、136 人；2017 年 7 月开展了第三次调研，主要是了解 2017 年上半年村庄最新的发展变化，并就相关问题开展补充性和扩展性调查。

三　抽样方法

本课题组于 2016 年 12 月进行了村庄调查，在 2017 年 2 月开展了针对贫困户和非贫困户的抽样问卷调查，同时还进行了一些重点户和重点人口的访谈。入户问卷调查的样本单位是住户。因为是以贫困村为考察对象，村内人口是由贫困人口与非贫困人口构成，不仅仅要考察贫困村的贫困与脱贫情况，还要考察贫困村的发展情况，所以样本抽样既包括贫困户又包括非贫困户。样本数量为 61 户、244 人，占全村总户数的 24.3%，占全村总人口的 22.6%。其中，贫困户 31 户、贫困人口 108 人；非贫困户 30 户、非贫困人口 136 人。

如果不考虑样本对贫困村贫困程度的代表性，那么理想的是对村内所有住户采取完全随机、等距、分组等抽样方法。受样本数量限制，这样的抽样方案很难保证样本的代表性。因此，为了保证样本对村内所有住户及贫困户的代表性，本次入户调查采取了分层抽样的方法。该方法是把一个总体分为不同子总体（或称为层），按规定的比例从分层中随机抽取样本，虽然抽样手续比简单随机抽样繁杂，但是具有样本代表性较好、抽样误差较小的优点。

具体抽样时，首先以全村 45 户建档立卡贫困户和 206 户非贫困户家庭名单为基础，分别建立抽样框；对两组抽样框采取随机起点等距抽样方法，抽取了 31 户贫困家庭和 30 户非贫困家庭，抽样比分别达到了 69% 和 15%。虽然课题组成员在当年春节过后就开展了入户调查，但是仍有多户家庭因出门打工或走亲戚而家中没人，因此分别相应补充了其他的贫困户与非贫困户。在推算村庄总体状况时，用两类户数对各自样本统计数进行加权统计。

四 分析方法和数据可靠性

本调研在核算和分析调查数据时，分别计算了 31 户贫困户和 30 户非贫困户的社会与经济数据，然后根据 31 户贫困户和 30 户非贫困户的分层抽样比，估算了所有贫困户、非贫困户和全村总体的经济与社会数据。本调研贫困户和非贫困户分层抽样比分别达到了 69% 和 15%，因此估算的全村总体的经济与社会数据具有较强的可靠性。

第二章

村庄经济社会发展现状

第一节　人口总体情况

一　村民人口概况

　　根据村庄调研，2016年寺尔沟村共有251户、1079人（其中常住人口980人），全部为本地户，平均每户人口规模约为4人。村民中汉族占大多数，有181户、729人，约占全村人口的2/3；有少数民族70户、350人，主要为藏族、蒙古族和土族，约占全村人口的1/3。根据不完全的村庄人口名单（共987人），寺尔沟村男性人口与女性人口的比例是105.4∶100；略高于现阶段我国大陆男女人口比例（104.6∶100）（见表2-1）。

表 2-1　2016 年寺尔沟村人口情况

单位：户，人

项目	户数	人口
全村人口	251	1079
全村常住人口	—	980
汉族	181	729
少数民族	70	350

二　村民年龄结构

根据寺尔沟村村民名单和身份证号码清单统计，寺尔沟村的人口年龄结构总体上呈现两头小、中间大的纺锤形态，未成年人、成年人与老年人的比例大致为 2：7：1。寺尔沟村小于 6 岁的儿童占 5.8%，6~15 岁儿童占 7.2%，16~18 岁人口占 7.4%，19~22 岁人口占 9.4%，23~50 岁人口占 46.6%，51~60 岁人口占 11.9%，60 岁以上人口占 11.8%。

寺尔沟村 19~50 岁有 552 人，占总人口的比重为 56%；19~60 岁的劳动适龄人口有 669 人，占总人口的比重为 67.9%。根据国家统计局统计，2015 年中国劳动年龄人口占比达到 66.3%，寺尔沟村与国家平均水平非常接近。寺尔沟村 60 岁以上老人的占比为 11.8%（见表 2-2）。根据联合国对老龄化社会的传统标准，一个地区 60 岁以上老人达到总人口的 10%，即为老龄化社会，可以说，寺尔沟村呈现了一定程度"未富先老"的特征，对村民家庭的自我发展和家庭的养老能力产生了较大的压力。

课题组将寺尔沟村与中国社会科学院精准扶贫调研的青海省东部农业区另一个村庄互助县作干村进行对比。作干村人口中未成年人、成年人与老年人的比例大致为1∶7∶2；相比之下，寺尔沟村的未成年人占比更多、老年人占比更少，意味着村民的养老压力相对较小，而未成年人接受教育的预期成本相对更高（见表2-2）。

表2-2　2017年寺尔沟村人口年龄结构

单位：人，%

年龄	人数	寺尔沟村年龄结构 （占总人口比重）	作干村年龄结构 （占总人口比重）
0~2 岁	21	2.1	0.8
3~5 岁	37	3.7	3.3
6~12 岁	54	5.5	6.7
13~15 岁	17	1.7	5.9
16~18 岁	73	7.4	2.5
19~22 岁	93	9.4	5.5
23~30 岁	140	14.2	9.6
31~40 岁	125	12.7	11.4
41~50 岁	194	19.7	23.9
51~60 岁	117	11.9	16.7
61~70 岁	75	7.6	7.1
71~82 岁	41	4.2	6.7
总计	987	100	100

三　村民性别结构

20世纪80年代以来，中国开始出现一定的出生性别比失衡问题，重男轻女、男尊女卑等传统思想是其内在根源。时至今日，中国的"传宗接代""养儿防老""送终祭祖"等传统的生育文化对一部分人仍有较深的影响，特别是在相对落后的贫困地区。根据相关研究，20世纪90年代中期以前青海省出生性别比保持在正常范围内，但从90年代后期开始，出生性别比逐步升高。2000年以后出生性别比升高地域范围扩大、升高程度普遍加剧，成为青海省人口结构性变化的重要特征之一。2000年，青海省出生性别比为110.6，与1990年第四次人口普查相比增加了6.24，超过103~107的正常值范围 [1]。

不过，从性别比例看，根据不完全的村庄人口名单（共987人），寺尔沟村男性人口与女性人口的比例是105.4∶100，虽然略高于现阶段我国大陆男女人口比例（104.6∶100），但是在正常值范围内。1990年以后出生的人口中，男女人口各有186人，性别比为100∶100，不存在性别比失衡的现象。

四 村民文化程度

随着青海省教育水平的提高和义务教育的普及，寺尔沟村村民文化程度也有了一定程度的提高。根据对61户村民的入户调查，在文化程度答案完整的村民中，文盲占8%，小学文化程度的占63%，初中文化程度的占19%，高中文化程度的占4%，中专及以上文化程度的占6%。文

精准扶贫精准脱贫百村调研·寺尔沟村卷

---

[1] 李卫平：《对青海省出生人口性别比的分析与思考》，《攀登》2006年第5期。

盲人口主要集中在 40 岁以上的年龄段。根据入户调查推算，全村文盲人口应该在 75 人左右，占总人口的 7%。

根据《中国统计年鉴》和第六次人口普查数据，2016年我国的文盲率（文盲人口占 15 岁及以上人口的比重）为5.28%，因此寺尔沟村村民的文化水平低于全国平均水平。贫困户与非贫困户之间的文化水平差异很小（见表 2-3）。

表 2-3　寺尔沟村 61 户被调研家庭不同文化程度的比重

单位：%

项目	文盲	小学	初中	高中	中专（职高技校）	大专及以上
贫困户	6	64	19	6	1	4
非贫困户	10	63	20	2	4	1
61 户样本户	8	63	19	4	3	3

第二节　劳动力和流动情况

一　劳动力情况

在 61 户抽样家庭调查统计的基础上，课题组推算出了寺尔沟村的劳动力情况。2016 年，寺尔沟村共有劳动力 656 人，占全村总人口的 61%，略低于 2015 年末中国16~60 周岁（不含 60 周岁）劳动年龄人口占总人口的比重（66.3%）。其中，普通全劳动力 507 人，技能劳动力

55人，部分丧失劳动能力94人，分别占总人口的48%、5%和9%。技能劳动力仅占5%，比例很低（见表2-4、表2-5）。

表2-4　寺尔沟村抽样户及全村劳动力情况

单位：人

项目	31户贫困户	30户非贫困户	61户样本户	45户贫困户	206户非贫困户	全村
普通全劳动力	4	73	77	6	501	507
技能劳动力	3	7	10	7	48	55
部分丧失劳动能力	17	8	25	39	55	94
无劳动能力但能自理	24	14	38	55	96	151
无自理能力	4	1	5	9	7	16
不适用	18	27	45	41	185	227
小计	70	130	200	157	892	1050
劳动力	24	88	112	52	604	656

寺尔沟村贫困户与非贫困户的劳动力结构存在明显的差异。贫困户的劳动力人口比例仅为34%，而非贫困户则高达67%，差异极其显著。另外，贫困户的普通全劳动力比例（6%）远远低于非贫困户（56%）；贫困户的部分丧失劳动能力人口的比例（24%）远远高于非贫困户（6%）；贫困户的无劳动能力但能自理和无自理能力人口的比例（40%）远远高于非贫困户（12%）（见表2-5）。由此可见，总体上来看，缺劳动力是贫困户致贫的一个主要原因；细究起来，主要还在于缺乏普通全劳动力，且部分丧失劳动能力和无劳动能力的人口比重偏高。

表2-5 寺尔沟村抽样户及全村劳动力结构

单位：%

项目	31户 贫困户	30户 非贫困户	61户 样本户	45户 贫困户	206户 非贫困户	全村
普通全劳动力	6	56	39	4	56	48
技能劳动力	4	5	5	4	5	5
部分丧失劳动能力	24	6	12	25	6	9
无劳动能力但能自理	34	11	19	35	11	14
无自理能力	6	1	3	6	1	2
不适用	26	21	23	26	21	22
小计	100	100	100	100	100	100
劳动力	34	67	56	33	67	62

二 劳动力本地务农

寺尔沟村八成以上的耕地种植牧草，其他耕地少量种植油菜和马铃薯，因此农户每年用于种植的时间并不长，播种加上收割总共只需一至两个月的时间。由于大部分农户养殖牛羊，因此大部分农户家庭会常年有一人专职或几人轮流忙于照看牲畜，劳动比较辛苦。一般来说，农户家庭会由一个主要劳动力全年负责牛羊养殖，不过有的农户养殖数量较大，因此需要付出更多的劳动时间。

根据对农户第一和第二劳动力的调查，贫困户和非贫困户从事农业生产的时间存在显著差异，第一和第二劳动力总体的劳动时间分别为130天和238天，也就是说，非贫困户进行农业生产的时间更多。这与寺尔沟村农户开展养殖生产的传统有关，非贫困户用于养殖的时间更多，收入也相应更高。

三　劳动力外出务工

外出务工是寺尔沟村村民的一个重要收入来源。寺尔沟村人均耕地面积为 2.82 亩，80% 都是用于种植牧草，其他种植油菜和马铃薯，需要投入的劳动强度不是很大。对于没有养殖业的家庭来说，在家务农只需要投入一至两个月的时间，外出务工可以充分利用农闲时间为家庭创造收入。

外出务工人员的就业行业主要为建筑业、批发和零售业、餐饮业和交通运输业，与全省的主要务工就业行业大致相同。在建筑行业务工的人员主要从事小工、瓦工等工种，该行业对务工人员的技术要求不高。在餐饮行业务工的人员，主要是在省内各种中小型的饭馆务工。村民外出务工带来了较好的收入，务工村民绝大多数把务工收入带回家。

贫困户与非贫困户在外出务工地点、外出务工时间、外出务工日均收入水平方面均存在显著的差异。第一，在提供答案的外出劳动力中，90% 在本省地域内务工，其中在乡镇内务工的比例为 51%，在乡镇外县内务工的比例为 15%，在县外省内务工的比例为 24%。在省外务工人员很少，只占 10%。贫困户与非贫困户之间存在明显的差异，贫困户更多在乡镇内务工，非贫困户更多在乡镇外务工（见表 2-6）。

表 2-6　2016 年寺尔沟村劳动力外出务工地点

单位：人，%

外出务工状况	61 户样本户		31 户贫困户		30 户非贫困户	
	人数	占比	人数	占比	人数	占比
乡镇内务工	44	51	31	66	13	33

外出务工状况	61 户样本户		31 户贫困户		30 户非贫困户	
	人数	占比	人数	占比	人数	占比
乡镇外县内务工	13	15	4	9	9	23
县外省内务工	21	24	9	19	12	30
省外务工	9	10	3	6	6	15
小计	87	100	47	100	40	100

第二，贫困户和非贫困农户的外出务工时间存在显著差异。在本乡镇内打零工或固定就业的天数，贫困户和非贫困户第一劳动力分别是 45 天和 270 天；在县内本乡镇外打工或自营的天数，贫困户和非贫困户第一劳动力分别是 120 天和 155 天；在省内、县外打工或自营的天数，贫困户和非贫困户第一劳动力分别是 105 天和 195 天；在省外打工或自营的天数，贫困户和非贫困户第一劳动力分别是 0 天和 210 天。贫困户和非贫困农户的外出务工时间存在显著差异，主要表现为第一劳动力的差异，第二劳动力的差异很小（见表 2-7）。

表 2-7　2016 年寺尔沟村第一和第二劳动力的平均外出务工时间

单位：天

项目	第一劳动力		第二劳动力		第一和第二劳动力合计平均[1]	
	贫困户	非贫困户	贫困户	非贫困户	贫困户	非贫困户
从事农业生产	67	125	130	107	130	238
本乡镇内打零工或固定就业	45	270	85	80	—	—
县内本乡镇外打工或自营	120	155	0	168	—	—
省内、县外打工或自营	105	195	180	150	—	—
省外打工或自营[2]	0	210	172	195		

注：①"第一和第二劳动力合计平均"只统计同时有第一和第二劳动力的家庭。②由于汇报的人并非来自同一个农户，因此不能对各务工时间进行简单加总。

第三，贫困户和非贫困户外出务工的日均收入存在很大的差异。2016年，调查户外出务工劳动力日均收入为40~200元，月收入为1200~6000元。根据入户调查，日均收入贫困户平均为69元、非贫困户为93元，差距较大。第一劳动力平均为84元，其中贫困户平均为78元，非贫困户平均为90元；第二劳动力平均为87元，其中贫困户平均为60元，非贫困户平均为99元（见表2-8和2-9）。贫困户与非贫困户外出务工劳动力日均收入存在显著的差异；不过第一劳动力与第二劳动力总体上的差异不大。

表 2-8　2016 年寺尔沟村外出务工劳动力的日工资水平

单位：元

项目	报告收入的劳动力		第一劳动力		第二劳动力	
	贫困户	非贫困户	贫困户	非贫困户	贫困户	非贫困户
最低值	40	23	40	23	40	23
最高值	120	200	133	200	120	200
平均值	69	93	78	90	60	99

表 2-9　2016 年寺尔沟村第一和第二劳动力的工资水平

单位：人，元

项目	第一劳动力			第二劳动力		
	合计	贫困户	非贫困户	合计	贫困户	非贫困户
汇报收入的人数	43	23	20	14	3	11
平均工资性收入	10397	6982	14325	7879	3400	9100
平均日工资	84	78	90	91	60	99

根据入户调研统计（见第三章第一节家庭收入），贫困户与非贫困户的家庭收入存在显著的差异。上文的调查分析说明，造成差异的主要原因是贫困户与非贫困户

在劳动力数量和结构、劳动力从事农业生产的时间、务工时间、务工地点、日均收入水平方面均存在显著差异。

寺尔沟村村民在外出务工的过程中也遇到了一些问题。第一，外出务工所从事的产业比较单一，主要是建筑业、餐饮业和交通运输业，劳动强度大，技能要求低，报酬相对较低。第二，外出务工的长期稳定性较差，主要是季节性、临时性的工作。第三，存在一定比例的欠薪现象。在被调研农户中有5例被拖欠工资，占提供答案的47人的11%左右，比例较高，被拖欠金额为2000~3000元，被拖欠时间为1个月到5个月。第四，虽然大部分外出务工人员都加入了针对农村和贫困农户的医疗和养老保障计划，但是无人拥有工伤、失业、生育和公积金保障，抵御风险的能力依然很弱。

四 转移就业与扶贫脱贫

一直以来，青海省把促进转移就业作为贫困地区和贫困家庭脱贫最有效的途径之一，制定和实施了多种相关的政策。各地人社就业部门加大了贫困家庭劳动力职业技能培训力度。政府通过劳务经纪人带动、培育省级劳务品牌、农民工返乡创业带动就业等措施，鼓励和引导贫困家庭劳动力就近就地转移就业。

转移就业是村民减贫脱贫、增加收入的一个重要途径，不过对于寺尔沟村村民而言，他们在外出务工过程中还面临着众多挑战。

贫困户外出务工遇到的困难更大。贫困户的劳动力人口比例仅为非贫困户的一半，普通全劳动力更少，丧失劳动能力或无劳动能力的人口更多。贫困户与非贫困户在外出务工地点、外出务工时间、外出务工日均收入水平方面亦存在显著的差异。可见，贫困户自身家庭结构和健康状况不理想，影响了贫困农户通过外出务工增加家庭收入的能力。

在这种情况下，可以考虑利用寺尔沟村的资源优势，为贫困户提供更有效的增收途径。寺尔沟村的生态环境适合绿色畜产品的生产，当地村民有养殖牛羊的传统，这是他们更加擅长的。如何找到一种有效的办法，增加贫困户在养殖生产中的参与度，提高他们的养殖收入，是寺尔沟村在精准扶贫工作中要充分考虑的问题。

第三节　农业生产与经营

本章主要介绍寺尔沟村种养殖等农业生产与经营情况及其与村庄扶贫脱贫的关系。寺尔沟村为冷凉湿润的高原大陆性气候，日照时间长，太阳辐射强，年均气温1℃，年降水量为510毫米，雨热同季。土壤类型按海拔由高到低依次为高山寒漠土、高山草甸土、山地草原草甸土、灰褐土、黑钙土和果钙土，土体较厚，一般达60~100厘米，土壤质地多为壤质，砂质较少，土壤疏松，结构较好，适

宜牧草生长。寺尔沟村的地势、气候、土壤条件，造就了
该村农、林、牧交错的地貌特点和半农半牧的生产方式；
土壤、空气、水质等环境条件好，具备发展绿色农业的条
件。寺尔沟村仅有小部分农田种植油菜和马铃薯等农作
物，80%以上的农田种植优质牧草，还有4万多亩草场，
为村民开展牛羊养殖提供了良好的基础。

一 种植业

寺尔沟村耕地面积为3041亩，仅占全村总面积的
4%；全部是旱地，无有效灌溉面积；人均耕地面积2.82
亩。寺尔沟村的条件适宜种植牧草、油菜、马铃薯等农
作物，这些农作物尤其是牧草需要的劳动投入较少。虽
然很多农户中都有劳动力外出务工，但寺尔沟村没有出
现青海省东部农业区很多村庄那样不同程度的撂荒现象。
2016年，寺尔沟村农作物总播种面积为3041亩，其中牧
草种植面积2500亩，油菜种植面积300亩，马铃薯播种
面积241亩（见表2-10）。

表2-10　2016年寺尔沟村主要农产品生产情况

主要种植作物	生产规模	单位产量	市场均价 （元/公斤）	生产起止 月份
牧草	种植面积2500亩	鲜草1800公斤/亩	0.68	4~9月
油菜	种植面积300亩	油菜籽90公斤/亩	4.2	4~9月
马铃薯等	种植面积241亩	250公斤/亩	0.7	4~9月
牛	出栏量200头	平均毛重400公斤	40	两年出栏
羊	出栏量6000只	平均毛重35公斤	34	当年出栏

1. 牧草种植

近年来，牧草种植在门源县日益兴起。当地传统养殖业采用依靠天然草场的放牧方式，但近年来逐步向部分舍饲圈养转变，以燕麦为主的牧草种植业在农牧户中得以推广，牧草地、退耕地、圈窝子（即牧民冬季在夜间圈养家畜的场所）等土地资源得到了充分利用。2008年以来，门源县重点开展燕麦等一年生饲草种植，培育以垂穗披碱草＋早熟禾＋星星草为建群种的多年生人工草地，推广青稞和油菜秸秆的饲用转化，在增加牧草产量的同时，显著减轻了过载放牧对天然草场的压力，草原植被覆盖率由65%提高到了2017年的91.3%。此外，当地政府部门积极鼓励饲草加工企业定点收购饲草，促进饲草种植户和种植企业与养殖和加工企业的对接。这些外部的发展环境和趋势也为寺尔沟村饲草种植业的发展提供了有利的条件①。

门源县建设的县乡两级农业科技推广体系，为村庄饲草种植的发展提供了技术支撑。当地农业科技推广部门在燕麦与箭豆混播饲草生产、试种和推广紫花苜蓿、饲用玉米、加拿大燕麦等优质饲草料方面具备全省领先的优势；引进推广了饲草青贮、微贮、加工等技术。农业机械化也有了一定的进步，饲草料收割打捆机械、饲料处理机械、饲草料混合机等得到逐步推广。

寺尔沟村有林草结合可利用天然草场40629.6亩，为村集体天然草场，产草量高，牧草营养丰富，草质好，适

① 韩金花：《门源县"粮改饲"发展草食畜牧业试点模式调研》，《青海畜牧兽医杂志》2017年第4期。

合发展饲草料基地和舍饲半舍饲养殖业。为了解决冬春季节天然草场缺草的问题，2016年寺尔沟村种植牧草达2500亩，平均亩产鲜草1800公斤，全村年产鲜草4500吨。村民在天然草场、牧草种植、牛羊养殖之间达到了较为良好的平衡。

2. 油菜种植

门源县种植油菜已有1800多年的历史。当地气候冷凉，日照充足，土地广阔，土壤疏松肥沃，这些得天独厚的气候资源和地理环境使门源成为种植油菜的理想地域。门源县已成为中国北方最大的小油菜种植区，是青海最大的商品油基地，也是重要的蜂产品基地，历来就有"门源油遍地流""高原油盆"的美誉。不过，寺尔沟村的油菜种植面积较小，主要用于家庭自用。2016年寺尔沟村油菜播种面积为300亩，油菜籽亩产量大约为90公斤，总产量为2.7吨，市场均价为4.2元/公斤。

3. 马铃薯种植

马铃薯是门源县传统产业，仅次于青稞、油菜和燕麦。寺尔沟村马铃薯的种植面积小，2016年仅为241亩，主要用于家庭自用。

4. 农作物生产特点

寺尔沟村各类作物的生产季节大致相同，都为每年的4月至9月，4月播种，9月收割。4月和9月是寺尔沟村春种秋收最忙碌的时候。农业劳动的强度较大，耕地、除草、收割都是人工。

寺尔沟村农业机具的农户拥有比重较低。根据问卷调查，寺尔沟村受访农户中，只有 55% 的家庭拥有拖拉机，16% 的农户拥有配套的耕作机，只有 1 户拥有播种机，远远低于青海省东部地区农户拥有拖拉机的比例。

二 退耕还林还草

退耕还林还草是我国西部大开发战略的一项重要内容。根据国务院 2014 年批准的《新一轮退耕还林还草总体方案》，25 度以上坡耕地具备退耕还林还草条件。自 2016 年起，青海省启动了新一轮退耕还林工程，实施规模为 30 万亩，退耕还林地严格定在 25 度以上非基本农田坡耕地、严重沙化耕地和重要水源地 15~25 度坡耕地。

退耕还林还草工程有效改善了当地的生态环境。通过减少陡坡耕地、增加林草地，退耕还林还草能够提高植被覆盖率，控制水土流失，增强植被的水源涵养能力，改善其余农业耕地的生产环境。在青海省东部干旱山区，退耕还林还草工程已经开始发挥显著的生态和社会效益，十几年前的荒山已覆盖了绿色的植被，数百年来"越穷越垦、越垦越穷"的局面有所改变。

退耕还林还草补助是贫困地区农民的一个主要收入来源，具有一定的扶贫效果。近年来退耕还林还草工程的实施向贫困地区倾斜，是我国生态保护脱贫的模式创新，使位于水系源头或生态保护区的贫困人口获得了更多的生态补偿，形成了一种稳定的收入来源，腾出了更多的外出务工劳动力，改善了当地的生态环境和农业生产条件，显著增加了当地贫困人口的收入。门源县自 2000 年实施退耕还林（草）工程以来，根据退耕还林（草）地区和困难退耕农户摸底排查工作标准，确定了全县困难退耕农牧户有 6371 户。为解决退耕还林还草地农牧民生产生活困难问题，门源县在粮款补助上分为两个阶段执行。第一阶段退耕还草地期限为 2 年，退耕还林地期限为 8 年，补助标准为 160 元 / 亩；第二阶段退耕还草地期限再延长 2 年，退耕还林地期限再延长 8 年，补助标准为 90 元 / 亩。

在退耕地还林还草的基础上发展种植业和养殖业，能够促进农村农业的发展，带动当地农牧民增加收入。2009~2014 年，青海省利用国家和省级资金，在退耕地中开展生态经济林建设和草场建设，推动了退耕还林还草后续产业发展，一些以退耕还林还草为基础的种养殖企业和深加工企业，带动了周边农牧民群众脱贫致富的步伐。退耕还林还草工程还释放了一部分劳动力，耕地退出后，农民有了国家给予的粮食和资金补助，可以腾出精力发展副业和外出务工，增加了农民的收入。

寺尔沟村的部分耕地是坡度在 25 度以上的脑山坡地。2002~2004 年，寺尔沟村共有 156 户家庭、803 亩坡耕地实施了退耕还林还草工程。2014 年当地林业部门对寺尔沟村 67.2 亩当时验收不合格、后期合格的退耕还林还草地补发了 6048 元补助。2015 年对 803 亩退耕还林还草地发放了 72270 元补助，补助金额为 90 元 / 亩。2016 年的退耕还林还草补助基本按 2015 年的标准和规模执行，补助款为 71163 元。与寺尔沟村的土地面积和耕地面积相比，该村的退耕还林还草地仅占很小的比重。

三 养殖业

寺尔沟村具有发展规模化高原生态养殖业的有利条件。第一，寺尔沟村有 4 万多亩优质的高原天然草场资源，为未承包到户的集体草场，具有纯天然无污染、无公害原生态的特点，生长环境优良，牧草营养丰富，草质好，适口性强。根据村干部和村养殖能手的介绍，这么大面积的草场资源，再加上半牧半舍的养殖方式，可承载 5000 多头牛和 10000 多只羊而不对草场生态产生不利的影响。该载畜量高于目前寺尔沟村的牲畜存栏量，从而为寺尔沟村规模养殖业的发展留出了空间。第二，寺尔沟村有充分的人工牧草资源。寺尔沟村每年种植 2500 亩左右的牧草，为发展养殖业提供了丰富的饲草资源。第三，有良好的品种资源。在中国畜牧业区域基本分布中，寺尔沟所处的门源县是牦牛和藏羊生产的优势产区之一，西门塔尔牛和湖羊养殖也具有发展优势。第四，寺尔沟村村民一直以来有养殖牛羊的传统，积累了丰富的养殖经验，对市场销售也有一定的门路，具有专业从事畜禽养殖的条件和意愿。第五，村里的外出务工人员，51% 在乡镇内务工，15% 在乡镇外县内务工。外出务工时间在 3 个月以下的占 37%，在 3~6 个月的占 48%。务工地点离家近、务工时间较短的这一部分劳动力在不打零工的时候，可以为家庭发展养殖业

图 2-1　寺尔沟村普通养殖户院落前

（作者拍摄于 2017 年 2 月）

补充劳动力。

　　门源县对当地养殖业的发展给予了充分的政策与资金扶持。东川镇是门源县发展舍饲和半舍饲养殖业的重点，重点扶持规模化舍饲半舍饲养殖，对养殖小区（养殖场）在用地审批、畜种改良、饲草加工、防疫消毒方面积极提供政策，对水、电、路、棚等方面的建设给予资金和项目扶持。各类扶持政策包括奶牛良种补贴、农机购置补贴、对合作社和种养大户家庭农牧场的奖补、支农贷款等。同时，建立健全了养殖业风险保障体系，包括奶牛参保等。

　　发展养殖业显著增加了农户的家庭收入。根据村民和村干部介绍，一头西门塔尔肉牛包括牛犊、饲料和人工的养殖成本大约为 4000 元，一只羊的养殖成本大约为 400 元；一头牛的出售价格为 15000~16000 元，平均价格为 15500 元；一只羊的出售价格为 600~1000 元，平均为 900 元。肉牛一般两年出栏，羊为一年出栏。因此，一头牛折合一年内可收入 5000 元左右，一只羊可收入 500 元左右。

第三章

村民经济条件

本章在问卷调查的基础上对村民经济条件尤其是家庭收入与支出情况进行了定量分析，重点探讨了寺尔沟村贫困户与非贫困户在家庭收支方面的差异，以期更好地了解寺尔沟村的贫困情况、致贫原因、脱贫路径和发展方向。

第一节　家庭收入

一　青海省农村居民收入及其演变

了解青海省农牧民家庭收入及变化趋势，可以弥补本次调研只调查寺尔沟村 2016 年情况的局限性，从而对实行家庭联产承包责任制以来寺尔沟村家庭收入的演变情况有一个大致的认识。在家庭联产承包责任制全面实施的大环境下，20 世纪 80 年代以来，青海省农村居民收入规模和比重的总体变化情况，在一定程度上代表了寺尔沟村农户家庭收入变化的特点和趋势。

20 世纪 80 年代初期，家庭联产承包责任制实施以后，青海省农户家庭的收入水平逐年增加。根据青海省农村居民收入统计数据和相关学者的研究[①]，农村居民收入增长大致分为三个阶段，1985~2000 年是第一阶段，2001~2010 年是第二阶段，2010 年以后是第三阶段。第二阶段的收入增长率略高于第一阶段，第三阶段又高于第二阶段；自 2010 年以来，农村居民人均可支配收入大幅度明显增加，2016 年比 2010 年的名义增长率达到了 124%（见表 3-1）。

表 3-1　主要年份青海省农村居民人均纯收入及构成

单位：元

年份	农村居民人均纯收入	工资性收入	家庭经营纯收入	财产性纯收入	转移性收入
1985	343	50	260	24	9
1990	560	73	449	20	18
1995	1030	97	908	3	22
2000	1491	312	1120	25	34
2005	2165	561	1429	40	135
2010	3863	1295	1992	84	492
2011	4608	1775	2089	94	650
2012	5364	1990	2222	95	1057
2013*	6196	2347	2570	166	1113

① 苑尔芯、彭必源：《改革开放以来青海省农村居民收入状况分析》，《科技信息》2010 年第 15 期。

年份	农村居民人均纯收入	工资性收入	家庭经营纯收入	财产性纯收入	转移性收入
2014	7282	2041	3021	288	1932
2015	7933	2235	3058	326	2314
2016	8664	2464	3197	325	2678

注：2013* 年以后（含 2013 年），统计口径为人均可支配收入。

    20 世纪 80 年代初期家庭联产承包责任制实施以后，农村居民收入构成也发生了显著的变化。当时农户家庭的收入主要来源于家庭生产与经营活动，收入数量和构成与农户规模大小、承包土地面积的大小、经营管理程度和农业生产品种有关。自 90 年代以来，农户收入中家庭经营纯收入的比重逐年下降，工资性收入和转移性收入比重增加，财产性纯收入的比重基本稳定（见表 3-2）。家庭经营纯收入比重下降是因为来自农村居民家庭经营的第二、第三产业收入比重小，在土地资源的限制下，粮油禽畜产量增加幅度小，第一产业收入在短期内难以大幅度增加。工资性收入比重增加的原因则与农牧民外出务工和技能提高有关。转移性收入大幅度增加，主要是因为农牧民受益于粮食直接补贴的兑现、农村居民养老补助发放、新农村建设快速发展、土地征用补偿收入增加等。

表 3-2　主要年份青海省农村居民人均纯收入构成

单位：%

年份	工资性收入	家庭经营纯收入	财产性纯收入	转移性收入
1985	14.6	75.8	7.0	2.6
1990	13.0	80.2	3.6	3.2
1995	9.4	88.2	0.3	2.1

年份	工资性收入	家庭经营纯收入	财产性纯收入	转移性收入
2000	20.9	75.1	1.7	2.3
2005	25.9	66.0	1.8	6.2
2010	33.5	51.6	2.2	12.7
2011	38.5	45.3	2.0	14.1
2012	37.1	41.4	1.8	19.7
2013	37.9	41.5	2.7	18.0
2014	28.0	41.5	4.0	26.5
2015	28.2	38.5	4.1	29.2
2016	28.4	36.9	3.8	30.9

二 2016 年寺尔沟村农户家庭收入情况

村庄调研、农户调研和村两委扶贫工作汇报是了解农户家庭收入和经济状况的重要手段。在统计农户家庭收入时，课题组收集了农户工资性收入、农业经营纯收入（即经营收入减去经营支出）、农业非经营纯收入、财产性收入、赡养性收入、礼金收入、各类国家补助资金（如残疾补助、养老金、低保金收入、粮食直补、退耕还林还草补助）等数据。另外还统计了医疗费用报销数额，不过该费用未纳入农户家庭收入计算中。在计算来自国家的补助资金等转移性收入时，亦未计入报销医药费。

计算农业经营收入时，农产品收入一般按市场价格的 9 折计算：牧草 1.1 元 / 斤、每亩产鲜草 1800 公斤；油菜籽 4.2 元 / 公斤，每亩产 90 公斤；马铃薯 0.7 元 / 公斤，每亩产 250 公斤；羊 860 元 / 只，牛 8000~15500 元 / 头。

农户调研提供了农户收入的基础数据，但也普遍存在一些偏差，即贫困户和非贫困户都有把自己的家庭收入报少的倾向。第一种情况是，贫困户在汇报本人家庭所获得的各类低保、扶贫、农业发展和生态保护资助时，所提供的数据往往不太明晰，有的家庭还有所遗漏，所汇报的金额常常少于村里实际发放的金额。对此，在数据后期检查时，调研人员根据村县提供的数据，对被调查农户的各类低保、扶贫、农业发展和生态保护资助等进行了修正。第二种情况是，村民在汇报家庭成员收入时，存在少报外出务工收入或只报年底带回家的收入的情况，并非是务工人员的全部收入。对此，调研人员尽可能了解外出务工的劳动力人数、务工时间和务工收入，并利用当地务工人员的基本收入情况进行对比和核查，并通过后期电话再次核实的方式确定。另外，为增强被调研农户的农业生产收入的可靠性，课题组对农业生产收入进行交叉检查。一般来说，农户的种植收入与其实际耕种面积、作物品种和亩产量有密切关系，养殖收入则与牛羊的存栏与出栏量密切相关，且基于村庄农业生产总体情况的农户农业经营收入总额与农户调研基础上的全村估算应该大体一致。调研人员在调查收入时，尽量准确掌握农户耕种面积和自养牛羊的数量，同时对村庄农业总体收益估算与农户调研基础上的收入估算进行比较。这些办法减少了入户收入调查中的误差。

（一）典型农户的家庭收入情况

选择一户贫困户中等收入家庭和一户较高收入的非贫困户家庭进行典型农户的家庭收入情况分析，分别为杨某某家和万某某家。非贫困户家庭选择较高收入家庭，是因为该家庭既种植农作物，又养殖牛、羊和鸡，也有家庭成员在外务工，可以较全面地反映村民的生产和生活情况。

1. 贫困户杨某某家 2016 年家庭收入情况

低保贫困户杨某某家有 4 口人，分别为户主本人、妻子和两个儿子。妻子患有甲状腺疾病，没有劳动能力，需要常年吃药。两个儿子有一个在上初中三年级，一个在上高中三年级。属于因病致贫、因教育致贫的建档立卡贫困户。拥有耕地 6.5 亩，人均耕地为 1.6 亩。2016 年，杨某某家庭纯收入为 24053 元，其中，工资性收入为 6500 元，为户主在外做临时工所得。农业经营收入为 9160 元，包括 2 亩青稞的种植收入，平均亩产 300 斤，每亩市场价约为 1.1 元；还有 0.5 亩马铃薯的种植收入，为 500 元；其他耕地种植牧草，用于自家两头牛的养殖，2016 年养牛收入为 8000 元；扣除经营支出 2250 元，农业经营纯收入为 6910 元。6.5 亩耕地，其中 2.97 亩获得粮食作物补助（100元 / 亩），3.53 亩获得其他经济作物补助（80 元 / 亩），共计为 579.4 元。两个孩子各获得教育补助每人 1000 元，共 2000 元。获得低保收入每月 672 元、全年 8064 元。

杨某某家的家庭收入结构中，工资性收入为 6500 元，占家庭纯收入的 27%；农业经营纯收入为 6910 元，占29%；财产性收入为零；包括低保、教育补助和农作物补助的转移性收入占到了 44%。由此可见，在这个家庭中，收入来源主要有三个，其中工资性收入和农业经营纯收入均占四分之一多，而转移性收入约占一半。该农户的家庭收入和生活对政府各类扶助政策的依赖性较强。

2. 非贫困户万某某家 2016 年家庭收入情况

非贫困户万某某家有 6 口人，分别为户主本人、妻子、一儿一女，还有父母两人。拥有耕地 16.9 亩，人均耕地为2.8 亩。2016 年，万某某家庭纯收入为 57137 元。其中，儿子在省内县外务工的工资性收入为 15000 元。农业经营收入为 23400 元，包括种植了 2 亩青稞、2 亩小麦、1 亩马铃薯、5 亩牧草的种植收入，以及养殖出栏 33 只羊（存栏 100 只）和养殖 12 只鸡的养殖收入；牛有存栏一头但当年没有出售。扣除经营支出 2150 元后，农业经营纯收入为 21250 元。16.9 亩耕地，其中 7.72 亩获得粮食作物补助（100 元／亩），9.18 亩获得其他经济作物补助（80 元／亩），共计为 1506.4 元。女儿刚考入长安大学，为大一新生，向政府申请了三江源异地办学奖补机制补偿资金，获得了一次性补助 10000 元。退耕还林还草 6.9 亩，获得补助 621 元。父母两人，一人每年领取养老金 1680 元，另一人每年领取养老金 1080 元。礼金收入 6000 元。报销医药费 6000 元。

2016 年万某某家的家庭收入主要来自作物种植、鸡羊养殖，以及孩子外出务工的收入。2016 年对于他家来说是一个特殊的年份，因为女儿考上了不错的大学，对于这个家庭是一件喜事，因此有礼金收入，还获得了政府提供的助学资金，这是国家针对考入大学的农牧区户籍学生的教育资助。

万某某家的家庭收入结构中，工资性收入为 15000 元，占家庭纯收入的 26%；农业经营纯收入为 21250 元，占 37%；财产性收入为零；包括养老金、农作物补助和教育补助资金的转移性收入达到了 14887.4 元，占到了 26%。由此可见，在这个家庭中，收入来源主要有三个，但是各来源所占比重与贫困户不同。该农户的家庭收入和生活对政府各类扶助政策的依赖性比贫困户低。

（二）全村家庭收入估算

估算全村家庭收入时，课题组利用建档贫困户与非贫困户的抽样调查结果，按比例推算村庄总体状况；寺尔沟村国家转移性收入按 2016 年实际发放的各类补助资金数额计算。村民在汇报其家庭获得的国家各类补助资金时，一般都倾向于少报或漏报，课题组后期根据村委会提供的补助资金发放名细，对入户问卷的国家补助资金数据进行了调整，但是仍出现了按户调查数据加权推算的全村补助金额低于实际发放数的情况。在最后推算全村户均和人均收入数据中，经营收入和务工收入为根据样本户的推算数据；而国家转移性收入则是全村实际发放的数额均摊到每户每人的数据；因此出现了全村人均户均的收入数据（含实际国家转移性收入）高于按调研户推算的全村收入的现象。

2016 年，寺尔沟村共有 251 户 1079 人，其中 45 户为贫困户，贫困人口为 152 人，贫困户占 18%，贫困发生率为 14%。非贫困家庭有 206 户，人口为 927 人。2016年，全村家庭纯收入总计约为 700.1 万元，其中贫困户家庭纯收入总计约为 84.4 万元，非贫困户家庭纯收入总计约为 569.5 万元。全村户均纯收入为 27892 元，人均纯收入为 6488 元。人均工资性收入为 3208 元，农业纯收入约为 1745 元，财产性收入约为 12 元，转移性收入为 1523 元。报销医疗费未计入收入。人均纯收入中，来自国家的转移性收入为 1337 元，占家庭人均纯收入的 20.6%（见表 3-3、表 3-4 和表 3-5）。

表 3-3 2016 年寺尔沟村家庭收入统计及推算

单位：人，元

项目	31 户贫困户	30 户非贫困户	贫困户与非贫困户的比值	45 户贫困户	206 户非贫困户	全村
1. 人口数	108	136	—	152	927	1079
2. 家庭纯收入合计	599897	835577	0.72	844299	5695443	7000848
3. 工资性收入	212600	463926	0.46	299215	3162201	3461416
4. 农业纯收入	66460	262564	0.25	93536	1789683	1883219
5. 农业经营收入	80691	354450	0.23	113565	2415994	2529559
6. 农业经营支出	-31073	-94386	0.33	-43732	-643352	-687084
7. 农业非经营收入	16842	2500	6.74	23704	17040	40744
8. 农业非经营支出	0	0	—	0	0	0
9. 财产性收入	8880	0	—	12498	0	12498
10. 礼金收入	7700	26800	0.29	10837	182674	193511
11. 赡养性收入	5200	0	—	7319	0	7319
12. 低保金	143460	0	—	201906	0	210100

项目	31户贫困户	30户非贫困户	贫困户与非贫困户的比值	45户贫困户	206户非贫困户	全村
13. 养老金	20570	15700	1.31	28950	107014	161980
14. 补贴性收入	65907	66587	0.99	92758	453871	973526
15. 分红	69120	0	—	97280	0	97280
16. 报销医疗费	162700	59500	—	228985	405563	634548
17. 户均纯收入	19352	27853	0.69	18762	27648	27892
17.1 其中户均转移性收入	10063	3636	2.77	9757	3610	6549
17.2 其中户均国家转移性收入	9647	2743	3.52	9353	2723	5749
18. 人均纯收入	5555	6144	0.90	5555	6144	6488
19. 人均纯收入（不含国家转移性收入）	2786	5539	0.50	2786	5539	5151
19.1 其中人均转移性收入	2888	802	3.57	2888	802	1344
19.2 其中人均国家转移性收入	2769	605	4.54	2769	605	1337

注：1. 第12、13、14、15项为全村实际发放数据；2. 村民在汇报其家庭获得的国家各类补助资金时，很多都倾向于少报或漏报。课题组后期根据村委会提供的补助资金发放名细，对入户问卷的国家补助资金数据进行了调整，但是仍出现了全村实际发放数值高于按调研户调查数据加权计算的数值的情况。因此，按全村实际发放补助资金数据调整了全村户均和人均纯收入推算数据；3. 被调研农户和全村农户的家庭人口规模不相等，对推算全村人均收入有一定影响；4. 国家转移性收入等于第12、13、14、15项之和；5. 收入及国家转移支付数据一律未统计报销医药费；6、全村的国家转移收入详情参见第四章国家救助一览表。

表3-4 2016年寺尔沟村样本户及全村人均纯收入构成

单位：元

单位	工资性收入	农业纯收入	财产性收入	转移性收入	小计
31户贫困户	1968	615	82	2888	5555
30户非贫困户	3411	1931	0	802	6144
全村251户	3208	1745	12	1523	6488
青海省农牧民平均	2464	3197	325	2678	8664

表 3-5　2016 年寺尔沟村样本户及全村人均纯收入结构对比

单位：%

单位	工资性收入	农业纯收入	财产性收入	转移性收入
31 户贫困户	35	11	1	52
30 户非贫困户	56	31	0	13
全村 251 户	50	27	0	23
青海省农牧民平均	28	37	4	31

（三）家庭收入分析

根据调研结果，寺尔沟村农户的家庭收入有以下几个特点。

第一，2016 年，全村家庭纯收入总计约为 700.1 万元，户均纯收入为 27892 元，人均纯收入（含国家转移性收入）为 6488 元，低于 2016 年全省 8664 元的农民人均纯收入水平。全村人均纯收入（不含国家转移性收入）为 5151元。总体上，寺尔沟村目前在青海省内仍属于比较贫困的村庄。

第二，2016 年，31 户被调研贫困户人均纯收入，含国家转移性收入为 5555 元，不含国家转移性收入为 2786元，后者低于门源县制定的全县贫困户脱贫线（人均可支配收入）标准（2016 年为 3316 元，2017 年为 3532 元，2018 年为 3762 元）。由此可见，寺尔沟村贫困户的人均收入与脱贫线还有一定的差距，说明了村庄扶贫脱贫仍具有一定的挑战性。

第三，全村人均获得来自国家的转移性收入达到 1337

元，占人均纯收入的 20.6%。贫困户所获得的国家转移性收入更高，人均达到了 2769 元，约占贫困户人均纯收入的 50%。非贫困户则很低，人均约为 605 元，人均国家转移性收入占非贫困户人均纯收入的 10%。这说明，随着国家和青海省对农村居民的转移支付大幅度增加，贫困农民获得的国家提供的各类社会保障和资助大大改善了贫困农户的生活水平，但贫困村民对国家补助资金的依赖性仍然很强。

第四，全村人均纯收入结构方面，工资性收入、农业纯收入、财产性收入和转移性收入占比分别为 50%、27%、0% 和 23%。工资性收入所占比重最高，为一半；农业纯收入占比接近三成；转移性收入的比重超过二成。青海省 2016 年农民收入结构中，工资性收入、农业纯收入、财产性收入和转移性收入占比分别为 28%、37%、4% 和 31%。与青海省平均水平相比，寺尔沟村村民对外出务工收入的依赖性更大，在本地的农业经营收入和转移性收入比重较低，且几乎没有财产性收入。

第五，村庄内部的收入差异明显。基尼系数能够反映村庄的内部收入差异[1]。根据联合国开发署规定，基尼系数在 0.2 至 0.3 之间表示收入比较平均。从样本个体来看，寺尔沟村人均纯收入（含国家转移性收入）最小值为 1142 元，最大值为 17437 元；人均收入高的家庭主要依靠外出

---

[1] 赵国峰、李建民：《村庄内部收入差异及农民的认识——基于江、浙、冀、赣、川五省的情况调查分析》，《经济与管理》2007 年第 2 期。

务工收入和养殖业收入。61 户被调研家庭人均纯收入（含国家转移性收入）的基尼系数为 0.37；不含国家转移性收入的基尼系数为 0.36。可以说，村民整体上的收入差异比较明显；国家各种类型的转移收入在一定程度上缩小了村民间的贫富差异。

第六，贫困户与非贫困户间存在比较显著的收入差异。2016 年，31 户被调研贫困户的人均纯收入为 5555 元（含国家转移性收入）、2786 元（不含国家转移性收入），而 30 户被调研非贫困家庭的人均纯收入为 6144 元（含国家转移性收入）、5539 元（不含国家转移性收入）。可以直观地看出，含国家转移性收入时贫困户的人均纯收入是非贫困户的 90%，有差异但不显著；不含国家转移性收入时贫困户的人均纯收入则只有非贫困户的 50%，两者存在相当大的差异（见图 3-1、图 3-2）。

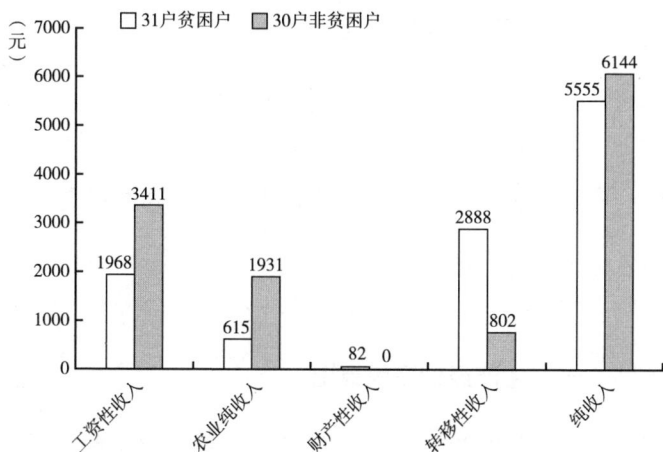

图 3-1 寺尔沟村贫困户与非贫困户人均纯收入对比

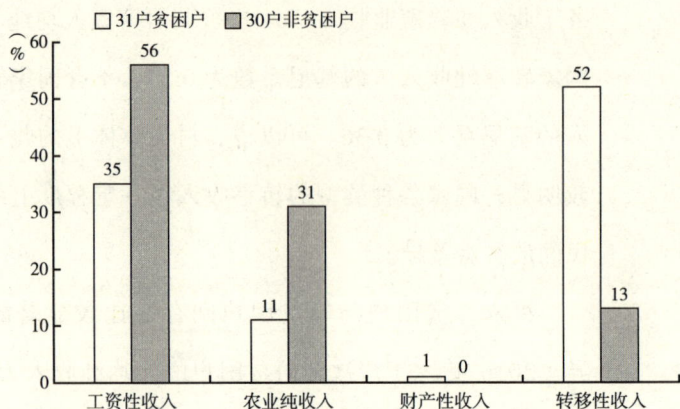

图3-2　寺尔沟村贫困户与非贫困户人均纯收入结构对比

第七，大部分村民觉得2016年自己家的收入水平一般，不算很好也不算坏；不过，非贫困户对家庭收入满意度更高。

第二节　家庭支出

农户家庭支出主要分为生产经营费用支出和生活消费支出两大部分。

一　生产经营费用支出

寺尔沟村农户家庭的生产经营费用支出主要涉及种

植、养殖等第一产业，基本没有第二产业和第三产业的生产经营费用支出。生产经营费用在计算家庭收入时已有了简单统计和估算。生产经营费用支出包括家庭经营费用支出、固定资产折旧以及各种税费等。由于国家减轻农民税费负担政策的实施，农业税费支出为零。因此，家庭经营费用支出所占比重最大。家庭经营费用中，种植业支出包括肥料费、农药费、种子费、农用机械动力费用等；养殖业支出包括购买种牛、羊羔或母羊的费用、饲草费用、人工成本等。固定资产折旧包括拖拉机、打草机等农用机械的折旧成本。

2016 年，寺尔沟村 31 户贫困户的生产经营费用支出平均为 1002 元/户，30 户非贫困户的生产经营费用支出平均为 3146 元/户（见表 3-3），贫困户与非贫困户之间差距较大。生产经营费用支出中，每亩农田的化肥、农药等物资投入大概为 80~100 元。除农田的化肥、农药等物资投入、拖拉机固定资产折旧及油费等外，还有一些农户开展养殖业的饲料加工与牛犊羊羔生产等业务。加权平均后，全村 251 户家庭的生产经营费用支出平均为 2737 元/户。

二 生活消费支出

1.青海省农村居民生活消费支出

生活消费支出是农户家庭另一项重要的支出内容。一般来说，居民生活消费支出包括一个家庭在食品烟酒、居住、交通通信、医疗保健、教育文化娱乐、衣着、生活用品及服务、其他用品及服务方面的支出。近年来，青海省农村居民的生活消费发生了明显的变化，这些特点也反映了寺尔沟村农村居民生活消费的变化趋势。

第一，根据国家统计局青海调查总队每年的数据，随着农村居民生活水平的提高，青海省农村居民的人均生活消费支出不断增长，2016年已经增加到了9222元/人，与2010年的3859元/人相比，名义增长率达到了139%；是2000年的19倍多（见图3-3）。

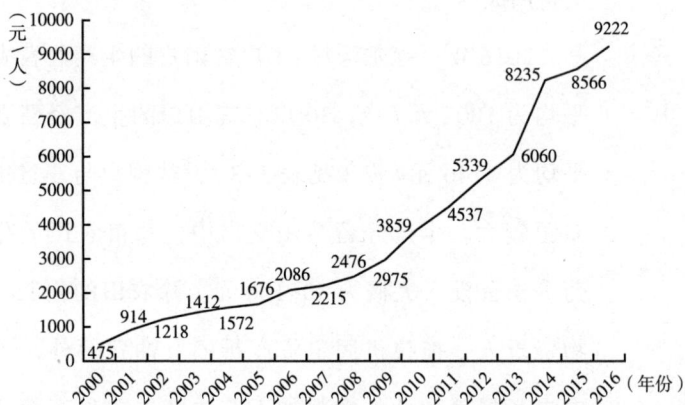

图 3-3　2000~2016 年青海省农牧民生活消费支出对比

第二，青海省农村居民的生活消费各项内容均有所增加。农村居民饮食结构不断优化，农牧民人均食品消费支出增长；随着生活水平的提高，农牧民衣着消费支出增加。由于农村危房改造、游牧民定居工程和农村奖励性住房等政策实施，农牧民住房条件得到明显改善，人均居住消费支出增长明显。农牧区基础设施建设也得到明显改善，带动了农牧民交通通信消费支出的快速增长。

第三，青海省贫困地区农牧民人均生活消费支出普遍低于全省平均水平。2014年，青海省贫困地区农牧民人均生活消费支出为6746元，比青海省农牧民生活消费支出人均水平的8235元低18%（见图3-3）。值得注意的是，随着国家和青海省扶贫减贫工作的进一步开展，青海贫困地区农牧民生活消费支出增速快于青海全省水平。可以预见的是，今后青海省贫困地区农牧民人均生活消费支出与全省农牧民生活消费支出的人均水平之间的差距将继续缩小。

第四，根据普遍规律，农村居民生活消费结构向着逐渐降低生存消费比重、不断提高享受和发展型消费比重变化，基本生存资料中的食品支出比重将逐渐下降，其他享受和发展型消费支出比重将不断提高。根据2014年青海省贫困地区农牧民人均生活消费支出情况（见表3-6），2014年食品烟酒支出所占比重为32.3%，其余依次为居住占19%、交通通信占17%、医疗保健占11%，食品支出比重已经有所下降，而交通通信等支出比重有了较大的提高。

表3-6 2014年青海省贫困地区农牧民人均生活消费支出及占比

单位：元，%

生活消费支出小计	食品烟酒	居住	交通通信	医疗保健	教育文化娱乐	衣着	生活用品及服务	其他用品及服务
6746	32.3	19	17	11	7.1	7	5.1	1.5

2.寺尔沟村村民生活消费支出

在调查寺尔沟村居民生活消费支出时，由于时间有限，课题组仅录入并统计了农户的食品支出、报销后家庭医疗支出、家庭教育总支出、礼金支出、家庭养老保险费和合作医疗保险费等生活消费支出，分别以不完全的形式对应了食品烟酒、医疗保健、教育文化娱乐和其他用品及服务的支出；没有计入居住、交通通信、文化娱乐、衣着、生活用品及服务等生活消费支出项目。根据 2014 年数据，这些支出项目约占青海贫困地区农牧民生活消费支出的一半左右。因此，本调研的家庭生活消费支出属于不完全统计，实际的生活消费支出要高于目前的调研数据。

2016 年，寺尔沟村被调研的 31 户贫困户的家庭生活消费总支出达到了 653065 元，平均每户家庭的生活消费支出为 21067 元，人均生活消费支出约为 6047 元。其中，每户的食品支出为 4357 元，占全部支出的 21%；每户报销后家庭医疗支出约为 12897 元，占 61%；家庭教育总支出每户为 1537 元，占 7%；家庭养老保险费和合作医疗保险费每户分别为 213 元和 297 元，均占 1%；礼金支出每户约为 1766 元，占 8%（见表 3-7、表 3-8 和表 3-9）。

2016 年，寺尔沟村被调研的 30 户非贫困户的家庭生活消费支出共达到了 534817 元，平均每户家庭的生活消费支出为 17827 元，人均为 3932 元。其中，每户的食品支出为 5508 元，占全部支出的 31%；每户报销后家庭医疗支出为 5330 元，占 30%；家庭教育总支出每户为 3792 元，占 21%；家庭养老保险费和合作医疗保险费每户分别为 303 元和 430 元，均占 2%；礼金支出每户 2464 元，占 14%（见表 3-7、表 3-8 和表 3-9）。

通过加权推算，2016年，寺尔沟村所有家庭的家庭生活消费支出共达到了4564533元，平均每户家庭的生活消费支出为18185元，人均为4230元。其中，每户报销后家庭医疗支出6584元的占比最大，为36%；食品支出5245元的占比居次位，为29%；家庭教育总支出为3357元，占18%，为第三位；礼金支出2314元，占13%；家庭养老保险费和合作医疗保险费分别为284元和402元，均占2%左右（见表3-7、表3-8和表3-9）。

表 3-7   2016 年寺尔沟村户均生活消费支出

单位：元

项目	31 户贫困户	30 户非贫困户	贫困户与非贫困户的比值	45 户贫困户	206 户非贫困户	全村
1. 人口数（人）	108	136	—	152	927	1079
2. 家庭生活消费支出总额	653065	534817	1.22	919129	3645405	4564533
3. 食品支出	135055	165250	0.82	190077	1126373	1316451
4. 报销后家庭医疗支出	399800	159900	2.50	562681	1089907	1652588
4.1 报销医疗费	162700	59500	2.73	228985	405563	634548
5. 家庭教育总支出	47660	113767	0.42	67077	775454	842531
6. 家庭养老保险费	6600	9100	0.73	9289	62027	71316
7. 合作医疗保险费	9200	12900	0.71	12948	87929	100877
8. 礼金支出	54750	73900	0.74	77056	503715	580771
9. 家庭户均生活消费支出（3~8 项合计）	21067	17827	1.18	20425	17827	18185
10. 家庭纯收入（不含医疗费）	19352	27853	1	18762	27648	27892
11. 家庭收入与支出之差	-1715	10025	-0.17	-1715	10025	9707
12. 人均生活消费支出	6047	3932	1.54	6047	3932	4230
13. 人均纯收入（不含报销医疗费）	5555	6144	0.90	5555	6144	6488
14. 人均收入与支出之差	-492	2211	-0.22	-492	2211	2258

表 3-8　2016 年寺尔沟村户均分类生活消费支出

单位：元

项目	小计	食品支出	报销后家庭医疗支出	家庭教育总支出	家庭养老保险费	合作医疗保险费	礼金支出
31 户贫困户	21067	4357	12897	1537	213	297	1766
30 户非贫困户	17827	5508	5330	3792	303	430	2464
全村	18185	5245	6584	3357	284	402	2313

表 3-9　2016 年样本户和全村居民生活消费支出结构

单位：%

项目	小计	食品支出	报销后家庭医疗支出	家庭教育总支出	家庭养老保险费	合作医疗保险费	礼金支出
31 户贫困户	100	21	61	7	1	1	9
30 户非贫困户	100	31	30	21	2	2	14
全村	100	29	36	18	2	2	13

寺尔沟村村民家庭的生活消费有以下特点。第一，2016 年寺尔沟村户均生活消费支出为 18185 元，人均为 4230 元，如果根据 2014 年青海贫困地区农牧民人均生活消费支出比重数据推算，寺尔沟村人均生活消费支出的完全统计数据应该在 8500 元左右，比 2014 年青海贫困地区农牧民人均生活消费支出高（由于数据有限，只能进行不同年份的数据比较）。可以说，寺尔沟村的生活消费水平高于青海贫困地区农牧民人均生活消费水平，说明村民生活消费的负担重。

第二，全村人均生活消费支出中，报销后家庭医疗支出所占比重最大，达到了 36%，其次为食品支出，占 29%，占据第三位的为家庭教育总支出，占比达 18%，礼金支出占比达到了 13%，而家庭养老保险与合作医疗保险费用支出占比总计为 2% 以上。这种支出比重说明,寺尔沟村家庭的生活消费支出目前已经超越了满足基本温饱的水平,对家庭人力资本的投入(医疗保健、教育及保险费用)已经逐步增加。不过,这也意味着农户家庭的医疗、教育等支出压力较大,对农户造成的负担较重。在今后减贫脱贫、农村发展的过程中,仍要继续专注对农户的健康保障和教育方面的扶持。

第三,2016 年寺尔沟村户均纯收入为 27892 元,户均生活消费支出为 18185 元,家庭收入与支出之差为 9707元,人均收入与支出之差为 2258 元,总体上来说,寺尔沟村的家庭建设正在向正向积累的方向发展,这些正向积累体现在住房、生活电器、交通通信、文化娱乐、衣着、生活设施及服务等方面的建设性支出。不过,如果计入这些生活消费的支出项目,寺尔沟村村民的收入与支出比较接近。这在一定程度上也能够解释村民家庭普遍缺乏存款,建房、婚娶时常常需要负债的现象。仍需要进一步努力实现收支的良性循环。

第四,全村人均生活消费支出中,贫困户与非贫困户之间存在显著的差别,这主要体现在医疗费用支出方面。贫困户的家庭及人均生活消费支出都高于非贫困户,仔细分析各项支出后发现,贫困户与非贫困户的养老及保险费用相差不大,食品、教育、礼金支出占比均低于非贫困户,但是医疗费用占比却大大高于非贫困户,报销后家庭医疗支出是非贫困户的 2.4 倍;贫困户报销后家庭医疗支出的占比也更高,为 61%,比非贫困户高出 31 个百分点,无疑，即便农户参加了农村合作医疗项目，但疾病仍对贫困户造成了沉重的经济负担，是很多贫困户的致贫原因。

第五，贫困户与非贫困户的食品支出相差1151元，说明贫困户虽然达到了温饱，但是在"食"方面与普通村民相比还是有一定的差距。

第六，贫困户与非贫困户的家庭教育总支出相差2255元，说明贫困户对子女的教育投入低于非贫困户。

第七，贫困户存在明显的支出型贫困现象。贫困户的支出比非贫困户更多，而收入相对更低；考虑到贫困户收入更低的情况，当收入扣除支出之后，贫困户与非贫困户之间的差距更大。具体来说，贫困户的户均和人均收入支出差距分别为负1715元和负492元，而非贫困户的户均和人均收入支出差距分别为10025元和2211元；两者之间一负一正的差异非常明显。寺尔沟村贫困村民想要真正地脱贫脱困，需要从两个方面着手，一方面要提高村民的创收能力，增加村民的实际收入；另一方面，要提高村民的健康水平，加强村民的医疗健康保障力度，减轻村民的医疗负担。

第三节　家庭存借款情况

本次调研对61户家庭的存款借款情况进行了调查。

在借贷方面，寺尔沟村农户大部分都有借款。被调研的 61 户家庭中，有 52 户存在借款，也就是说，抽样的家庭中有 85% 存在家庭借款。在 52 户村民汇报的 121 笔借贷中，借款月利率为 2.5‰~10‰。借贷形式主要有三种。绝大多数借款（102 笔）的借贷主体是信用社，8 笔是从贫困村互助资金中借贷，6 笔是私人借贷，仅 2 笔是从银行借贷。由此可见，信用社是寺尔沟村村民最主要的借贷主体。

村民借钱的主要目的有多种。在 52 户村民汇报的 121 笔借贷中，112 是用于生产，主要用来购买化肥、农药、种子、家畜幼仔。1/3 用于看病。其他少量用于子女上学、生活开支，另外有 4 笔用于还账，2 笔用于盖房子、盖棚子，有一户村民借了 7.5 万元用于开手机店，还有一户用来娶媳妇（有 3 笔未标明借贷来源）。从调查情况可以看出，农业生产是寺尔沟村农户借贷最重要的用途，看病是借款的第二个主要用途。

贫困户中，有一户村民的总借款金额最高，达到了 21 万元，主要是因为女主人得了乳腺癌需要治疗。非贫困户中，最高的总借款金额为 19.5 万元，该户村民借款是为了发展生产，其中有 1 笔达到了 10 万元，月利率高达 10‰。

寺尔沟村的总体借款额比较大。61 户调查户中有 52 户有借贷，借款金额达到了 273.55 万元；其中贫困户 26 户，借款金额为 126.2 万元，非贫困户也是 26 户，借款金额为 147.35 万元；摊到所有被调研的贫困户和非贫困户，贫困户户均借款为 4.07 万元，非贫困户户均借款为 4.91 万元。按样本进行推算，全村的借款总额在 1195 万元左右，户均借款为 4.76 万元。

在存款方面，寺尔沟村汇报拥有存款的村民很少，只有四户，存款额仅为 2.7 万元；村民亦未汇报有财产性收入，在农户家庭收入统计中财产性收入为零。总体来看，借款额远远高于存款额。

综合考虑存借款，贫困户与非贫困户之间存在差别但并不显著，借款户的比例、户均借款数额相差不多。不过，就借款用途来说，更多的贫困户借贷是为了治病，而更多的非贫困户借贷是为了开展农业生产或三产经营、扩大生产规模。

第四节　小结

分析寺尔沟村贫困户、非贫困户和全村村民的家庭收入与支出情况，能够更好地了解寺尔沟村贫困情况、致贫原因和脱贫路径。收入方面，普遍来说，受土地资源的限制，农产品产量增幅小，第一产业收入在短期内难以大幅度增加，农户农业经营收入的比重逐年下降；农牧民外出务工逐渐增加，工资性收入和转移性收入比重逐年增加；农牧民受益于粮食直接补贴兑现、农村居民养老补助发放、精准扶贫力度加大、新农村建设快速发展等因素，转移性收入大幅度增加。在支出方面，随着国家对贫困农户扶贫措施力度的加大，低保、养老金保障等制度不断完善，贫困农户家庭生活水平得到改善，收入型贫困已不像之前那么突出；支出型贫困的现象日益突显，家庭成员因重大疾病、突发事件等原因产生的刚性支出造成贫困家庭的生活困难。

具体来说，寺尔沟村居民收入与支出主要有以下几个特点。

第一，2016年全村人均纯收入（含国家转移性收入）为6488元，低于全省2016年8664元农民人均纯收入的水平，寺尔沟村目前在青海省内仍是比较贫困的村庄。

第二，2016年全村贫困户人均纯收入（不含国家转移性收入）为2786元，仍低于门源县制定的全县贫困户脱贫线标准，说明村庄扶贫脱贫仍具有一定的难度。

第三，全村人均获得国家转移性收入占人均纯收入的20.6%，贫困户则高达50%，这主要是因为我国政府扶贫、社会保障力度加强，但也说明贫困村民对国家补助资金的依赖性仍然很强。

第四，不考虑国家转移性收入时，贫困户与非贫困户收入差异显著。基尼系数计算结果也说明村民整体上的收入差异比较明显。

第五，全村人均纯收入结构中，工资性收入所占比重最高，其次为家庭经营纯收入和转移性收入。与青海省平均水平相比，寺尔沟村村民对外出务工收入的依赖性更强，在本地的农业经营收入和转移性收入比重较低，且几乎没有财产性收入。

第六，寺尔沟村的人均生活消费支出高于青海贫困地区农牧民人均生活消费支出，说明村民生活消费的负担重。全村人均生活消费支出中，按占比从高到低排列分别为报销后家庭医疗支出、食品支出、家庭教育总支出、礼金支出和家庭养老保险与合作医疗保险费用支出。这种支出结构说明寺尔沟村生存消费比重逐渐降低，对家庭人力资本的投入（包括医疗保健、教育及保险费用）逐步增加，但也意味着农户家庭的医疗、教育等支出压力较大。

第七，寺尔沟村户均和人均纯收入与支出之差分别为9707元和2258元，寺尔沟村的家庭建设总体倾向于正向积累；不过考虑到村民的居住、交通通信、文化娱乐、衣着等方面的支出，寺尔沟村村民的收入与支出比较接近，这在一定程度上能够解释村民家庭普遍缺乏存款的现象，仍需要进一步努力实现收支的良性循环。

第八，贫困户与非贫困户的人均生活消费支出存在显著的差别，主要体现在医疗费用方面，贫困户的家庭及人均生活消费支出远远高于非贫困户，疾病对贫困户造成了沉重的经济负担。寺尔沟村贫困村民要实现真正的脱贫脱困，一方面要提高村民的创收能力，另一方面要提高村民的健康水平，减少村民的医疗负担。

第四章

村民生活及社会保障

寺尔沟村是个多民族混杂、互嵌式居住的自然村落。与当地很多同类型村落一样，寺尔沟混居村落是1949年后随着土地改革和人口迁移而形成的。当时少数民族居住的村落地多人少，在人民公社建立后，为了集中劳动力发展农业，政府积极推动人口迁移，将川水地区的过剩人口迁入民族村落，从而形成了多民族杂居型村落[①]。

寺尔沟村汉族人数约为全村总人口的2/3；少数民族主要有藏族、蒙古族和土族，约占总人口的1/3。在青海省，少数民族的来源是多元的，不同时期、不同地方、不同部落都有蒙古族、藏族和土族迁入门源，在此过程中各族群众吸收周围不同民族的文化并与之和谐相处。一方

第四章

——

村民生活及社会保障

——

① 达哇才让：《多民族杂居村落中不同文化的一致性和差异性研究——对青海省农牧区互嵌式居住村落的抽样调查》，《青藏高原论坛》2017年第4期。

面，保留了本民族文化和历史记忆，比如有60%的村民信仰藏传佛教等宗教信仰；另一方面，在长期与汉族混居的过程中，少数民族在姓氏、文化风俗上与汉族有了一定程度的趋同。寺尔沟村多民族混居、互嵌式居住的村庄特征，对村民生活具有一定的影响。

第一节　家庭生活

寺尔沟村村民饮食以面食、土豆、蔬菜、猪肉和牛羊肉为主。村民做饭和取暖的燃料以煤炭为主，仅一户为柴草。最主要的取暖设施为火炉和土炕。各家各户都有煨炕的习惯，在炕洞里用牛马粪、麦糠作柴，可以保持炕洞里一整夜都有火，是冬天最常见的取暖方式。还有一户村民使用电暖气。

青海农村天气比较干燥，因此村民没有经常洗澡的习惯，基本上没有洗澡设施；61户中仅有5户有电热水器，1户有太阳能热水器。厕所全部为传统的旱厕，粪便经堆肥后作为有机肥施用于农田。生活垃圾大多为定点丢弃，但61户中仍有19户随意丢弃垃圾。1/3的农户将生活污水随意排放，其他农户通过沟渠排放至院外。

寺尔沟村是一个传统的养殖村庄，村民每年分散或集中养殖大量牛羊，很多农户的牛棚羊圈就在院落附近或宅院里，村内有秸秆饲草随意堆放的现象，而且牛羊每天产生的大量粪便没有进行妥善的处理，在一定程度上影响了村容村貌，对村庄的卫生条件也有一定的影响。针对这一问题，村集体安排了 3 名贫困人员作为专职保洁员，对重点地段进行日常的清扫，对村庄道路沿线、河道实行不间断巡查清理，并建立完善了垃圾定点堆放、定期清运制度。不过，有一些地段还是处于无专人管理、由村民自行负责的状态，垃圾收集不完善。

村民的宅基地面积平均有 260 平方米。住房一般都是一个院子加一排北房。庭院可种植花木蔬菜。北房一般都建有整面玻璃窗的前廊，阳光充足，可用于种花、待客、晒日头、晒粮食等，还有利于正房的防风保暖。村民全部有自有住房，均无第二住房。村民的住房有新建的，也有以前的旧房。在 61 户被调研家庭中，最早为 2000 年建设，最近为 2016 年建设。贫困户盖房时间平均值为 2011 年，非贫困户为 2009 年，也就是说，总体上非贫困户比贫困户盖房平均要早两年，说明非贫困户家庭条件较好，相对更早有能力盖房。

建房成本贫困户平均为 6.9 万元，最高为 8.7 万元，最低为政府投入的危房改造资金，个人没有花钱。非贫困户的建房成本平均为 9.1 万元，最高为 35 万元，最低为 2 万元，明显高于贫困户的建房成本。

绝大多数村民住房为平房（61 户中仅有 1 户为二层楼房）、砖瓦砖木结构，仅有 5 户为砖混材料，1 户为钢筋混凝土结构。绝大多数住房的状况是一般或良好，61 户调研户中仅有 4 户为政府认定的危房，有 7 户住房户主自认为属于危房；全村共有 27 户住房为危房。住房的建筑面积，贫困户平均为 82 平方米，非贫困户平均为 100 平方米，在住房面积上两者存在明显的差异。村民对其自住房普遍比较满意，贫困户与非贫困户对满意程度的回答，得分均值分别为 2.8 和 2.7，其中 1 代表非常满意、2 代表比较满意、3 代表一般满意、4 代表不太满意、5 代表很不满意；两者几乎不存在差别。

村民的家居环境都比较相似。起居室一般位于北房，都有沙发、茶几、火炕、烤箱等家居陈设，能够满足家庭做饭、吃饭、看电视、待客、睡觉等日常起居需要，是村民家庭中最为重要的房间。

家庭耐用消费品的拥有情况各户比较相似，每家每户基本上都有彩电、洗衣机等基本的家用电器，有的家庭甚至有两台洗衣机或彩电。手机普及率很高，平均每户拥有 2.8 台手机，其中一半以上为可以上网的智能手机，贫困户和非贫困户差别不大；手机已经成为村民交流、沟通、娱乐的主要手段。仅有 1 户非贫困户家庭拥有家用电脑。

在农业生产设施器具和交通工具方面，寺尔沟村被调研农户中只有 55% 的家庭拥有拖拉机。有 90% 以上的家庭拥有一辆摩托车，有两三户家庭甚至有 2 辆或 3 辆摩托车。有 18 户即一半的非贫困户拥有家用轿车或皮卡车。有一半以上的农户拥有拖拉机，但只有 7 户拥有配套的耕作机，只有 1 户拥有播种机。村民家庭拥有这些用于代步或生产的交通工具，方便了村民的生活，提高了村民的生产效率。

村民对于自己生活环境的质量总体上是很满意的，但是也有一些人认为存在一定的环境污染问题。被调研农户中，3 户认为存在空气污染，4 户认为存在土壤污染，1/4 的家庭认为存在垃圾污染。村民对于生活环境的安全性是很满意的。在被问及"在你居住的地方，天黑以后一个人走路你觉得安全吗"这个问题时，所有人都回答非常安全或安全。

村民在空闲时间里，除了休息、做家务和带小孩以外，七成的家庭会参加文娱体育活动，1/10 的家庭空闲时间会上网浏览。

总体来看，寺尔沟村村民对自己生活的评价比较适中，为一般性的满意。大部分村民认为目前的生活与 5 年前相比好了很多，对现在生活状况的总体满意程度居中，不过，仍有一部分村民认为他们与多数亲朋好友相比，过得较差。大部分村民对 5 年后的生活充满了信心。

贫困户对自己生活幸福度的评价与非贫困户相差无几，说明近年来的扶贫脱贫工作确实缩小了贫困户与非贫困户内心深处幸福感的差距。不过，虽然贫困户认为与 5 年前相比他们的生活得到了显著的改善，但是对于今后 5 年的生活，他们的信心要弱于非贫困户。贫困户对于他们周围居住环境的满意度也低于非贫困户（见表 4-1）。

表 4-1 村民对自己生活状况的评价

单位：分

问题	贫困户得分	非贫困户得分	得分的意义
1. 对现在生活状况的总体满意程度	2.7	2.6	1~5，越高越满意
3. 与 5 年前比生活变得怎么样	2.1	2.0	1~5，越小越认为会好
4. 觉得 5 年后的生活会变得怎么样	1.9	1.6	1~5，越小越认为会好
5. 与多数亲朋好友比过得怎么样	3.5	3.0	1~5，越小认为越好
6. 与本村多数人比过得怎么样	3.5	2.8	1~5，越小认为越好
7. 对周围居住环境满意吗	2.7	2.1	1~5，越低越满意

第二节　社会生活

根据有关学者的研究[①]，村庄可以根据其公共利益存量丰富与否和社会关系紧密与否划分为不同的类型。寺尔沟村的经济发展状况比较落后，村集体经济较弱，集体资产少，公共利益存量较为贫乏。而村民之间存在比较紧密的熟人亲戚关联，因此，寺尔沟村属于公共利益存量少而社会关系紧密的一类村庄。其社会生活也具有了与之相应的特点。

一　社会关系

寺尔沟村村民间的社会关系以亲缘关系、民族关系和乡邻关系为主。寺尔沟村多民族杂居，各民族之间和睦共处，还曾经荣获门源县当地政府颁发的民族团结进步达标村称号。藏族、土族和蒙古族等少数民族村民长期与汉族杂居，在保留本民族文化和历史记忆的同时，其姓氏、文化风俗在一定程度上趋同于汉族[②]。少数民族村民的姓氏大多数已经汉化，比如马姓和乔姓全部为藏族；一些贺姓为藏族；祁姓和常姓全部为土族和藏族；瓦姓全部为蒙古族。根据村民姓名和住址清单发现，村庄的少数民族农户居住区域相对集中，以民族为基础的乡邻关系相对重要。

[①] 刘伟、刘谨:《中国农村村民自治:何种民主？何以民主？》，《领导科学论坛》2016 年第 1 期。

[②] 达哇才让:《多民族杂居村落中不同文化的一致性和差异性研究——对青海省农牧区互嵌式居住村落的抽样调查》，《青藏高原论坛》2017 年第 4 期。

寺尔沟村亲朋好友、乡亲之间联系比较紧密，在遇到困难时亲朋乡邻能够互相帮助。当村民临时有事时，一半以上的家庭会找家里的直系亲戚帮忙，1/2会找其他亲戚帮忙，七成的家庭会找邻居或老乡帮忙，1/10的家庭会找村干部帮忙。急用钱时，七成的家庭会找家里的直系亲戚帮忙，1/2会找其他亲戚帮忙，1/2的家庭会找邻居或老乡帮忙，1/10的家庭会找村干部帮忙。

寺尔沟村姓氏较多，王、孔是第一和第二大姓，分别有162人和125人；其他，如万、祁、乔和李姓的人数差不多，均在50人左右。寺尔沟村村民名单人口数排名前18位的姓氏，如表4-2所示。虽然亲缘关系是村庄社会关系的重要部分，但与青海省其他姓氏更加集中、村民更多沾亲带故的村庄相比，寺尔沟村姓氏较多，亲缘关系相对还是较弱一些。

表4-2 寺尔沟村的姓氏分布

单位：人

姓氏	王	孔	万	祁	乔	李	张	吉	杨
人数	162	125	55	54	51	50	38	37	25
姓氏	赵	顾	林	刘	靳	宋	常	贺	瓦
人数	25	23	23	23	22	21	17	13	12

亲戚关系、乡邻关系的维持需要村民付出一定的成本，礼金，即份子钱就是其中之一。随着经济的发展和农村生活水平的提高，村民的份子钱也从最初的婚丧嫁娶，扩展到小孩儿满月、百岁、上大学、当兵以及老人过寿、

生病住院、搬家、买车等，数额也由几十元上涨到数百元。根据对 61 户家庭的入户调查，2016 年共有 53 户家庭有礼金支出，其中贫困户 28 户、非贫困户 25 户，按比例推算，意味着高达 85% 以上的农户有随礼的支出。支出最少的家庭为 250 元，最多的家庭甚至达到了 11000 元，平均每户家庭的礼金支出高达 2314 元。其中，贫困户户均 1766 元，非贫困户户均为 2463 元。与礼金支出相比，获得礼金收入的农户家庭仅为 16 户，仅占 61 户调研家庭的 26%；最低取得收入为 100 元，最高收入达到了 11000 元。礼金支出已成为农户家庭一项较大的开支，对农户造成了一定的经济压力。

二 子女教育

为了让农村幼儿受到良好的学前教育，自 2012 年以来，门源县根据幼儿分布状况，充分利用中小学富余校舍以及村党员活动室、文化活动室等资源，在全县 12 个乡镇设立了适龄幼儿接受学前教育的幼儿走教点，并为走教点配备了玩教具和室内设备设施。在严格的笔试、面试、体检筛选后，招录走教点志愿者，聘用保育员，大幅度地提高了农牧区学前教育幼儿就近入园率，促进了农牧区学前教育均衡发展和教育公平。

寺尔沟村也配备了一个幼儿走教点，走教点的教室宽敞明亮，配备了各类玩教具，教师上课认真负责，还开展了蔬菜拓印画、"欢乐冬至"家长孩子一起包饺子的亲子活动等，使孩子们有了丰富的早教生活。寺尔沟村目前有3~5周岁儿童37人，长期在村里居住的儿童几乎都在幼儿走教点上学。

寺尔沟村目前有小学阶段适龄儿童54人，全部在东川镇寄宿制小学就读。该小学历史悠久，由近200年前的孔家庄私塾发展而来，2018年被遴选为教育部全国青少年校园足球特色学校。

寺尔沟村目前有初中阶段适龄儿童17人，均在门源县第一寄宿制初级中学就读。调研中大部分学生家长认为，学校条件在比较好与一般之间，就读的直接费用为200~600元，孩子的学习成绩在满意与一般之间。青海省从2006年起就已全部免除农村牧区义务教育阶段学生的学杂费，因此学生们就读产生的费用主要是作业本费、交通费等。在61户被调研户中，义务教育阶段仅有1人辍学，辍学原因主要是生病，辍学后待在家里。

寺尔沟村目前有高中阶段适龄学生73人，大多在海北州第二中学就读。海北州第二中学是全州中小学布局调整中新建的一所独立设置的高级中学，全寄宿制管理。

自2012年起，门源县为了进一步改善农村学生的营养状况，促进教育公平，为全县农村牧区义务教育阶段学校寄宿制学生和非寄宿制学生提供学生营养餐补助，补助标准为每个学生每天3元，全年按学生在校时间200天计算。学生营养餐补助所需资金全部由中央财政承担。另外，为提高和改善中小学家庭困难寄宿生的生活水平，减轻其家庭负担，门源县对高中春季学期和义务教育阶段贫困寄宿生提供生活费补助，资金来源以省级财政为主，州县级财政为辅，家庭经济困难的寄宿小学生、中学生和高中生均受益，实现了"不让一个孩子因边远和贫困而失学"的承诺。2016年，寺尔沟村共发放了190800元学校贫困寄宿生生活补助资金。

三　技术培训

实施精准扶贫以来，门源县全面开展了全县44个贫困村的农牧民实用技术培训工作，培训内容涵盖特色种养殖业，包括测土配方施肥技术、青稞油菜马铃薯高产栽培技术、田间和设施农业病虫害防治、农产品质量安全、牲畜品种改良、育肥、疫病预防等贴近群众生产的实用科技知识及技能，邀请县级专家和农牧业专业技术人员进行面对面授课。2016年，寺尔沟村共有12名村民参加了政府组织的各种技术培训。不过，在调查问卷中，被调研农户中仅有1人汇报在2015年参加了技能培训。

四　大中专教育

寺尔沟村16~22岁的人口有166人，占全村提供了身份证信息总人口的17%。按照一般的就学年龄，该年龄段应接受高中、职业学校或大中专院校教育。根据对寺尔沟村村民文化程度的调查，寺尔沟村小学文化程度的村民占绝大多数，占全村总人口的63%，初中文化程度占19%，高中文化程度占4%，中专及以上文化程度占6%。可见，寺尔沟村村民接受高中及以上教育的人口并不多。

2016年寺尔沟村中专及以上学校在读学生情况见表4-3。根据不完全统计，2016年寺尔沟村共有22名学生在省内外中专及以上学校就读。其中，中职6人，高校专科9人，高校本科7人，比重基本相同。学生选择的专业有多种，大多数实用性较强，其中护理专业最多，此外还有适应当地产业背景的畜牧兽医专业，体现出了寺尔沟村农户对子女教育和日后就业的重视。

自2011年起，青海省开始实施《三江源地区异地办学奖补机制实施办法》，对在异地就读的初中、高中阶段学生及当年考入普通高校本、专科的农牧民家庭学生，给予一定的资助。这项政策大大减轻了贫困农牧民家庭孩子就学的经济压力。2016年，寺尔沟村一些学生申请获得了"三江源"地区异地办学奖补资金，高校本科每人奖励1万元，高校专科每人奖励1000元。这些学生将大大地提高寺尔沟村总体的受教育程度，提高村民的专业技能水平，更有力地推动寺尔沟村今后的脱贫致富进程（见表4-3）。

表4-3 2016年寺尔沟村中专及以上学校在读学生情况

学生	学校	学校性质	专业	资助申报
万某1	门源县职业技术学校	中职	幼教	
万某2	西安铁道职业学院	中职	城轨交通管理	
王某1	西宁市高新职业技术学校（2015年入学）	中职	护理	
王某2	海北州职业技术学院	中职	护理	
王某3	甘肃国防技工学校	中职	轨道交通管理	
乔某1	海北州职业技术学院（2014年入学）	中职	护理	已申报资助
祁某某1	青海卫生职业技术学院（2015年入学）	专科	护理	
林某1	西安电力高等专科学校	专科	电力	
孔某1	天津体育学院运动与文化艺术学院（2014年入学）	本科	艺术管理	
靳某某	南阳师范学院	本科	化学	
祁某某2	青海大学	本科	临床医学	
万某3	长安大学	本科	—	"三江源"地区异地办学奖补资金（每人1万元）
王某4等3人	青海大学	本科	—	
王某5	某职业技术学院	专科	—	"三江源"地区异地办学奖补资金（每人1000元）
林某2	西安电力高等专科学校	专科	—	
长某2	新疆师范高等专科学校	专科	—	
王某6	铜州职业技术学院	专科	—	
范某1	青海畜牧兽医职业技术学院	专科	畜牧兽医	
孔某2	青海警官职业学院	专科	—	
孔某3	青海卫生职业技术学院	专科	—	

注：未注明入学时间的均为2016年入学。

五 文化娱乐

在寺尔沟村，一直以来农闲时期村民的文化娱乐活动比较单一。农闲时间，因多种原因不能外出打工的村民，以看电视为主要的娱乐活动，成年人每天平均会花两三个小时观看电视节目。村民基本上没有阅读或借阅书籍的习惯。村委会有一个小型的图书室，藏书有 1200 册，图书数量较少；每月借阅 10 人次左右，借阅量很少。

随着寺尔沟村各类公共设施的建设，村民们日常的文化娱乐休闲活动日益丰富。新建的村文化广场已经成为村民休闲娱乐、开展社会活动的主要场所。村委会办公大楼修建在村广场的北边，建筑面积有 220 平方米，2015 年 3 月开始修建，于 2016 年 12 月完成，蓝瓦白墙，宽大明亮。办公大楼门前的村文化广场上有为年轻人配备的篮球架，村民每天在广场上活动，老人们在那里悠闲地拉家常、晒太阳，业余活动更丰富也更健康。在村幼儿园里，孩子们在早教点老师的带领下享受着快乐的时光；旁边的"幸福大院"则使村里集中安置的 7 个五保老人能够安度晚年。

寺尔沟村村民汉族占多数，少数民族主要为藏族、蒙古族和土族，约占全村人口的 1/3。一方面，村民保持着浓厚的以汉族为主的民俗习惯，以农历节日为主的民俗活动具有较为鲜明的地域文化特征，保留着较为传统的民俗活动。春节、清明节、端午节和中秋节是当地村民较为重视的传统节日。一些村民还积极参加镇上或者县上的节日庆祝活动，比如，在春节期间村民会排练节目到镇上和县上去表演。另一方面，60% 的村民保留着自己民族的信仰，其中藏族、蒙古族和土族村民都信仰藏传佛教，遵循相应的风俗传统。

第三节　村民组织及管理

一　村两委

村两委是农村和村民管理的基本组织。寺尔沟村村两委在精准扶贫、精准脱贫的工作中，积极宣传党和国家政策，协助乡镇政府和党组织开展了各项基础工作，帮助各类政策在村庄实施，为村民脱贫致富提供指导。另外，扶贫工作队的驻村工作也极大地协助了村两委的扶贫工作，村两委的基本职能得到了显著补充和加强。

村党委由书记和 3 名委员组成，都是三四十岁的青壮年，文化程度分别为小学、初中、高中和大专，都属于非贫困户。全村共有党员 23 人，其中 10 人为 50 岁以上。村委会由主任、两名委员和妇女主任组成，年龄在四五十岁。

2016 年是门源县扶贫攻坚的关键阶段，因此村两委成员的日常工作量较往年有大幅度增加，他们付出了极大的时间与精力。村干部工资比较低，村支部书记和村委会主任一年的收入较高，为 19500 元，其他 3 位干部的收入为8050 元 / 年，另一位干部最少，仅为 2300 元 / 年。工资虽然不高，但是村子里的工作并不少。对于村民来说，他们平时见到的干部就是村干部，平时有些什么事儿，很多会去询问村干部，而且会让村干部帮自己解决。根据问卷调查，当村民临时有事时，1/10 的家庭会找村干部帮忙；甚至当急用钱时，1/10 的家庭会找村干部帮忙。随着我国精准扶贫、精准脱贫工作的进行，村干部在日常工作之外还增加了各项扶贫工作，任务多、时间紧、难度大，这对村干部来说是一个大的挑战。

寺尔沟村的村级财务比较简单。2016 年，村财务投入共计 109450 元，共有四笔经费，第一笔为当地政府拨付的小村运转经费，每年为 35000 元；第二笔为政府拨付的村干部工资，共 65450 元，其中村支部书记和村委会主任各为 19500 元/年，三名委员为 8050 元/年，一名村干部为 2300 元/年；第三笔为修建道路集资 3000 元；第四笔为修电视塔资金 6000 元。

村财务支出主要为工资费用和办公费用。每年向村干部付出工资为 65450 元。办公费用主要为水电费、订报刊费、招待费、误工费、会议补助、修建道路和电视塔费用、煤炭费、纸张费、修彩门费用等，总计为 30150 元。两项合计为 95600 元，2016 年当年有一定结余（见表 4-4）。

表 4-4　2016 年寺尔沟村财务收入和支出情况

单位：元

村财务收入		村财务支出	
项目	金额	项目	金额
上级补助小计		村干部工资（6 人）	65450
小村运转经费	35000	水电费	2500
村干部工资（6 人）	65450	订报刊费	650
修建道路集资	3000	招待费、误工费、会议补助	5000
修电视塔资金	6000	修建道路费用	6000
		修电视塔费用	6000
		煤炭费	2000
		其他支出（纸张、修彩门等）	8000
总计	109450	总计	95600

在村级村务、财务、国家补助资金管理方面，寺尔沟村按照国家要求落实村务财务公开制度，确保各项经费开

支符合财务制度。行政经费的花销在村委会公示栏公示，以便让村民进行监督。近20项国家补助资金，包括粮食直补及农资综合补贴、退耕还林还草政策补助、重点公益林补偿金、草原补贴、独生双女户奖励扶助金、计划生育工作人员报酬、学校贫困寄宿生生活补助资金、危旧房改造、大学生助学补助资金、残疾人补助资金、农村最低生活保障资金、农村五保资金（分散生活）、大病救助金、临时救助金、60岁以上养老金、高龄老人生活补贴、困境儿童补助资金等，都被纳入了村务公开的内容。

寺尔沟村无任何集体债务，也无任何集体债权。唯一的集体资产为村两委办公室，建设面积为220平方米；卫生所为卫生局资产，因此不列入村集体资产。

由寺尔沟村财务情况调查可知，寺尔沟村的村级组织财力薄弱，收入仅仅是来自于地方政府的财政拨款，用于村级组织的一般行政支出后就所剩无几，没有村集体能够掌握运用的资金，因此无法以村集体的力量为村庄提供公共服务功能、改善村容村貌。

二 扶贫工作队

在扶贫攻坚的关键时刻，驻村扶贫工作队在村庄发展中起着至关重要的作用。第一书记及扶贫工作队成员第一时间与所驻村"两委"及镇联点领导、驻村干部沟通联系，走访、认识、了解每一户村民，和村民村干部召开座谈会、组织生活会，认真努力完成了大量繁杂细致的工作。在扶贫攻坚方面，主要是核实建档立卡贫困户、诊断致贫原因，分类建立信息档案和工作台账、积极引进资金和项目，按照门源县"八个一批脱贫攻坚行动计划"和"十个行业扶贫专项方案"确定的政策措施，帮助制订寺尔沟村脱贫攻坚方案和贫困户脱贫计划、帮助贫困村和贫困户改善生产生活条件，发展产业，组织落实专项扶贫、行业扶贫、社会扶贫项目等。另外，积极协助寺尔沟村加强基础设施建设、提高公共服务水平。寺尔沟村第一书记及宣讲组成员积极协助村"两委"广泛征求群众意见，第一时间向镇政府报送高原美丽乡村建设项目涉及的道路、路灯、河道治理、文化广场、村民大门改造、绿化等工程量，帮助村民全面切实改善生产生活条件。

驻村扶贫工作队的另一项重要工作是宣传政策。宣讲组利用村党员学习会、群众大会、公示栏等多种形式，以辅导讲解的方式，讲深讲透中央、省委 1 号文件精神和省、州、县党委政府重大决策部署，并充分利用访问贫困户的机会，每到一家就针对其家庭情况和致贫原因，用简单话语讲解扶贫政策中贫困户能得到扶持的内容。

三 村民自治

村民自治主要体现在村民委员会民主选举、民主决策制度落实、民主管理和民主监督机制方面。根据调研，寺尔沟村举行的村委会选举投票、村委会会议、政策宣讲活动，除了外出务工、走亲访友的村民外，每个家庭至少有

1 人能够参加活动，村民具备了投票权和知情权。2011 年和 2014 年，寺尔沟村先后进行了两届村委会的选举，有选举权的分别为 630 人和 660 人，实际参与的分别为 500 人和 521 人，村主任得票分别为 230 票和 520 票。

寺尔沟村村民积极参与民主决策，建立并健全了村民会议、村民代表会议制度，对有关村民切身利益的事项，通过村民会议、村民代表会议进行政策宣讲、议事协商。村民协商的重要事项包括村民缴费、贫困户评定等。

开展村务公开。村务公开实时反映村干部的工作情况，包括年度工作目标、基层组织机构、会议记录、村年度收支、国家补贴资金、村民筹资收费等栏目。扶贫工作公开，包括贫困户名单、农村医疗救助对象、五保户的确认、各类救灾救济资金、款物的公开评审、发放和使用情况等。村情概况公布内容包括寺尔沟村概况、村民家庭基本情况等。

第四节　村民社会保障

一　最低生活保障

从人均耕地面积、户均耕作机械、农户住房条件、户均食品支出、出行条件等衡量贫困程度的基本生活指标来看，寺尔沟村已不再是缺衣少食、无庇护房屋的生存贫困状态。寺尔沟村人均耕地面积为 2.8 亩，主要种植油菜和马铃薯，一半以上的家庭拥有拖拉机或手扶拖拉机，少数拥有耕作机、播种机和小型收割机，具有一定的生产条件。全村农户口粮不足的部分可以通过购买补充。

住房和家居设施也能满足基本的居住要求，村民全部有自有住房，贫困户建筑面积平均为 82 平方米，非贫困户平均为 100 平方米，主要为土瓦房和砖混结构房屋，每户几乎都有彩电、洗衣机等基本的家用电器和 2.8 台手机，一半以上为可以上网的智能手机。

寺尔沟村的生产和出行条件也得到了很大的改善。被调研的 61 户家庭中，一半以上的家庭拥有拖拉机或手扶拖拉机，15% 以上的家庭同时拥有两辆摩托车或三轮车，18户非贫困户拥有家用轿车或皮卡车。村民家庭拥有这些可用于代步出行的工具，提高了农业生产效率，方便了村民的生活，腾出了更多的农闲时间，提高了村民的生活水平。

农村低保制度是政府对家庭人均纯收入低于当地最低生活保障标准的农村牧区贫困居民，按照最低生活保障标准给予差额救助的新型社会救助制度。青海省根据各地维持农村牧区居民基本生活所必需的衣、食、住等费用，并适当考虑其他日常生活支出，分地区制定农牧区居民最低生活保障线标准，并根据全省经济社会发展和生活水平及物价指数适时调整；对不同情况和不同层次的贫困人群，采用不同补助标准的分类救助方式。

为了使农村最低生活保障与扶贫政策有效衔接，2015年 12 月，中共青海省委、青海省人民政府制定了《关于打赢脱贫攻坚战提前实现整体脱贫的实施意见》，实行农村低保制度兜底政策，在 2015 年底实现全省农村最低生活保障标准与扶贫标准"两线合一"。该制度规定，对于无劳动能力并且无法依靠产业扶持和就业帮助脱贫的特殊贫困人口（低保人口）和重度残疾人，由民政部门负责实行政策性保障兜底。对具备劳动能力、能够通过发展产业等帮扶措施脱贫的贫困人口（低保人口），由扶贫部门纳入脱贫攻坚政策扶持范围。对因灾、因病等造成的临时致贫或返贫群众，加大医疗救助、临时救助等专项救助力度，减少因灾、因病返贫现象发生。根据 2016 年制定的《青海省低保兜底脱贫攻坚行动计划》，自 2016 年起，全省农村牧区低保对象按三种类型进行管理和实施分档生活补助。

门源县根据《门源县精准脱贫攻坚实施方案（2016~2020 年）》，制订了《门源县低保兜底脱贫攻坚行动计划》。对门源县建档立卡贫困人口实施"两线合一"低保兜底脱贫攻坚计划。低保资金由省、市补助 80%，县级配套 20%，每半年发放一次，并实行社会化发放。计划从 2015 年底起逐步提高低保标准，实现农村低保标准与扶贫标准的"两线合一"，2016 年、2017 年和 2018 年，每年的农村低保标准分别达到 3316、3352 和 3762 元。

2016 年，寺尔沟村六社 45 户贫困户共 152 人，共获得农村最低生活保障资金 210100 元。补助金分为差额救助金额和分类施保金额，按照贫困户的经济情况补助标准不一。另外，分散生活的农村五保户人口获得了 42896 元五保户补助。

二 健康及医疗保障

（一）村民健康情况

根据调研，影响寺尔沟村村民健康的主要有肺心病、高血压、风湿、腰椎间盘突出、妇科病、乳腺疾病、抑郁症等，还有较多的残疾和几例事故引起的受伤。全村有1~4级残疾人32人，约占全村人口的3%。参与调研的61户家庭的健康率为65%，残疾人口也占3%。根据相关数据[①]，2015年我国农村人口15岁以上的慢性病患病率为29.9%，寺尔沟村村民的健康率水平与全国平均水平相差不大（见表4-5）。

表4-5　2016年寺尔沟村61户家庭所有人口的健康状况

单位：人

项目	31户贫困户	30户非贫困户	小计
总人口	108	136	244
健康人口	59	99	158
健康率（%）	55%	73%	65%
不健康人口	49	36	85
肺心病	14	6	20
高血压	1	2	3
风湿	4	3	7
腰椎间盘突出	3	3	6
妇科病	—	2	2
乳腺疾病	1	2	3
抑郁症	3	1	4
残疾	6	1	7
事故受伤	2	1	3
其他疾病	15	15	30

---

① 张寒冰、王卫东、侯天慧等：《我国农村慢性病患病率的调查与分析》，《山西职工医学院学报》2016年第1期。

寺尔沟村贫困人口与非贫困人口的健康率存在明显的差异，贫困人口的健康率为55%，非贫困人口的健康率为73%，相差18个百分点，疾病对贫困家庭产生了更为沉重的负担。不过，贫困人口与非贫困人口的患病程度比较接近，用1～3代表所患疾病的严重程度，贫困人口与非贫困人口的回答都为2.5，患病程度一致。对于农村家庭来说，家中有一个患病严重的病人就会对家庭的经济状况产生明显的影响。根据2016年底该村填报的《青海省扶贫对象清单》，全村45户贫困户中，仅3户是因为家庭缺乏劳动力，仅1户是因为缺乏技术，其他41户贫困户都是因疾病或残疾而致贫。可见，患病人口多确实是寺尔沟村贫困户致贫或返贫的重要原因。

在精神状况方面，提供答案的病人中，有36%的病人没有感受到精神焦虑，有22%的病人有一点焦虑，有22%的病人有严重或非常严重的焦虑。贫困户的患病人口更多的感受到焦虑，对于是否焦虑，答案从1~5分别代表没有、有一点、有一些、挺严重和非常严重，贫困人口的回答均值为2.4，而非贫困人口的回答均值为1.6。总体上看，村里的病人存在一定程度的焦虑，其中贫困户患病人口的焦虑程度更高一些。

（二）村民医疗保障体系

1. 青海省贫困村民医疗保障和救助政策

多年来，青海省在农村牧区积极开展提升强化县级医院、乡镇卫生院和村卫生室的三级卫生服务网建设。县、乡、村医疗卫生服务体系不断健全，为村民"小病不出村、常见病不出乡、大病不出县、急危重症和疑难杂症不出省"提供了较为完善的条件。根据《青海省医疗保障和救助脱贫攻坚行动计划》，2016~2020年，青海省实施贫困人口就医"一免七减"、医疗精准扶贫"十覆盖"政策，切实减轻贫困人口就医负担；建立参保专项补助制度，确保贫困人口全部纳入医疗保险范围，充分享受医疗保险待遇；实施贫困人口医疗救助和重特大疾病医疗救助政策。

根据"一免七减"政策，建档立卡贫困人口看病就医时普通挂号费免交；住院病人的药费、诊查费、检查费、检验费、麻醉费、手术费、住院床位费减免10%。医疗精准扶贫"十覆盖"，包括贫困人口免费白内障复明手术、资助贫困先天性心脏病患儿手术、包虫病免费药物治疗和手术费用补助、贫困地区孕产妇住院分娩补助、贫困地区育龄妇女补服叶酸、新生儿疾病筛查和儿童营养改善项目、贫困地区免费孕前优生健康检查、贫困地区计划生育免费技术服务、贫困人口疾病应急救助及贫困地区65岁以上老年人健康体检。

青海省人力资源和社会保障厅结合贫困人口动态管理的实际，为贫困人口开通了"参保绿色通道"，被确定为建档立卡贫困人口的可随时参加基本医疗保险，不受参保时间限制，将贫困人口及时纳入保障范围。建立"一站式"服务，贫困人口在住院享受基本医疗保险待遇的同时，享受大病医疗保险和民政救助。其中基本医疗保险待遇出院即时支付，大病医疗保险和民政救助一个月内完成支付，基本解决了贫困人口就医"垫资"问题。

贫困人口医疗救助帮扶力度明显加大。制定了贫困人口重大疾病门诊救助政策和住院救助政策，对贫困人口因恶性肿瘤需放化疗、慢性肾功能衰竭需肾透析（终末期肾病透析）等重大疾病，在门诊治疗发生的政策范围内费用，按比例给予医疗救助；对贫困人口在定点医疗机构住院发生的医疗费用，经政策减免、基本医保、大病保险报销后，剩余政策范围内或合规医疗费用，不设起付线，按比例给予救助；对患重特大疾病贫困人口在定点医疗机构住院发生的医疗费用，年度内个人承担费用（含自费部分）累计超过 3 万元以上部分，按比例给予救助。

2. 门源县农村医疗保障制度逐步完善

近年来，门源县农村医疗保障体系进一步完善。2014年，海北州出台了《海北州城乡居民医疗保险基金管理办法》《海北州城镇职工和城乡居民基本医疗保险分级诊疗制度（试行）》，为当地农牧民建立了新农合参保、分级诊疗的医疗保障体系。村民以家庭为单位缴纳参合金；按照疾病的轻、重、缓、急及治疗的难易程度，选择不同级别的医疗机构治疗。建立了卫生综合信息服务平台，国家基本药物制度覆盖率不断提高，基本公共卫生服务项目不断增加。新农合参合率达到了100%，医疗基础设施条件得到改善，乡镇卫生院医疗能力得到提升。门源县贫困村贫困户人口全部被纳入基本医疗保险范围，有效地助推了脱贫攻坚工作。

3.县、乡、村医疗卫生服务体系逐步健全

门源县现有各级各类医疗机构 206 所,其中有二级综合医院 1 所,二级中医院 1 所,社区卫生服务站 2 所,其他县直医疗机构 2 所(县妇计中心、县疾控中心),中心卫生院 2 所,乡镇卫生院 12 所,行政村卫生室 164 所,个体诊所 21 所、民营医院 1 所。邻近的东川镇中心卫生院距寺尔沟村有 13 公里左右,虽然距离稍远,但是公交车或摩托车出行较为便捷。镇卫生院日常开展卫生服务等相关业务,基本满足了村民一般的就医需求,实现了常见病不出乡诊治。

寺尔沟村村民接受国家基本公共卫生服务项目。根据 2015 年《青海省政府购买基本公共卫生服务实施办法》,青海省从 2016 年 1 月起,以政府购买服务的方式推进基本公共卫生服务项目,由能够提供基本公共卫生服务的各类医疗卫生机构提供服务。居民健康管理服务、老年人健康体检服务由浩门镇卫生院承接,新生儿疾病筛查服务由门源县妇幼保健计划生育服务中心承接。乡镇卫生院、乡村医生具备基本公共服务承接主体资格后,能够保证其正常运转的工作经费,促进基层医疗机构的正常工作开展。

寺尔沟村卫生所是村民最基础的医疗保健机构,目前有 1 名具备行医资格的医生,2 名具备行医资格的接生员,能够为村民提供基本的卫生服务和医疗服务。

4.寺尔沟村村民就医情况

和大多数农村人口一样,寺尔沟村村民的就医习惯是,当患有头疼脑热等小病或不需入院治疗的长期慢性病

时，村民一般会选择到卫生室买药或去镇卫生院就医。在被调研的人口中，生病时 35% 的人选择自行买药，40% 的人选择去医院门诊，20% 的人选择住院治疗。疾病不太严重时选择不去治疗的 39 个村民中无一人是因为医院太远未去治疗；贫困户中有 16 人因为经济困难没有选择去医院治疗，而非贫困户中仅有 1 人是因为经济困难（注：患病村民可能同时采取两种以上的就医方式）。被调研村民家中 7 周岁以下儿童全部接受了计划免疫服务。

61 户被调研农户中，47 户家庭有医疗支出，医疗总支出达到了 78.2 万元；22 户家庭报销了医疗费，报销数额为 22.2 万元，报销后家庭医疗支出总计为 56 万元，报销比例为 28%。发生医疗费用的 47 户家庭中，报销后最少支出了 800 元，最多支出了 15 万元，中间数是 6000 元，均值是 11908 元。有 15 个家庭报销后的医疗支出超出了 10000 元。22 个报销医药费的家庭中，报销比例最低为 5%，平均为 39%。医疗费用最高的家庭，2016 年发生了 20 万元的医疗费，报销了 5 万元，报销比例达到了 25%，缓解了家庭的经济压力。

贫困户与非贫困户之间的医疗费用存在明显的差别，贫困户医疗支出的比例、报销医疗费及报销后家庭医疗支出金额都显著高于非贫困家庭。31 户被调研贫困农户中，有 29 户家庭有医疗支出，医疗总支出达到了 56 万元，报销了 16 万元，报销后家庭医疗支出总计为 40 万元，报销比例为 29%。而 30 户被调研非贫困农户中，有 18 户家庭有医疗支出，医疗支出总计为 22 万元，报销了 6 万元，报销后家庭医疗支出总计为 16 万元，报销比例为 27%。也就是说，贫困户家庭有病人员多，医疗总支出多，自费数额也大。如果把医疗支出平均到每个贫困户或非贫困户，虽然贫困户报销的医疗费是非贫困户的 2.6 倍，但是贫困户的医疗总支出也达到了非贫困户的 2.5 倍。疾病或就医负担重是农户重要的致贫原因之一（见表 4-6）。

表 4-6 2016 年寺尔沟村村民就医情况

单位：人，元，%

项目	31 户贫困户	30 户非贫困户	贫困户与非贫困户的比值	45 户贫困户	206 户非贫困户	全村
1. 人口数	108	136	—	152	927	1079
2. 医疗总支出（每户）	18145	7313	2.5	18145	7313	9255
3. 报销医疗费（每户）	5248	1983	2.6	5248	1983	2569
4. 报销后家庭医疗支出（每户）	12897	5330	2.4	12897	5330	6687
5. 医疗总支出（总数）	562500	219400	—	816532	1506547	2323079
6. 报销医疗费（总数）	162700	59500	—	236177	408567	644744
7. 报销后家庭医疗支出（总数）	399800	159900	—	580355	1097980	1678335
8. 报销比例	29	27	1.1	29	27	28

村民的医疗支出是一种消费或支出行为，为家庭（尤其是有重疾或慢性病病人的家庭）增加了经济负担。但从长期来看医疗支出也是一种人力资本投资：医疗支出在一定程度上是有益的，能够减轻病痛、增强体质，为家庭和社会提供更健康的劳动力。在目前的医疗保障体系之下，报销后的医疗费用消耗了较大比例的家庭收入，患有重慢性病的病人对家庭产生的经济压力尤其显著。因此，在考虑农村居民福利、扶贫脱贫的过程中，一定要注重疾病的影响，防止因病致贫、因病返贫。

目前，我国的扶贫工作已经进入了开发扶贫和救助扶贫"两轮驱动"的新阶段，在通过扶贫促进发展的同时，应积极利用村民社会保障制度对贫困人口提供生存的兜底保障，对因病残、年老体弱、丧失劳动能力等造成生活常年困难的农村居民提供救助，社会保障制度与精准扶贫之间的联系日益紧密。在医疗保险制度方面，青海省将全省贫困人口全部纳入基本医疗保险范围，将农村贫困人口全部纳入重特大疾病医疗救助范围，确保农村贫困人口得到基本的医疗保障。在养老保险制度方面，青海省于2016年启动新型农村牧区社会养老保险试点工作，规定具有青海本省农村牧区户籍、年满16周岁（不含在校学生）、未参加城镇职工基本养老保险的农村牧区居民，可以在户籍所在地的县自愿参加新农保。

对村庄的调研发现，农户普遍参加了新农合和新农保，按照相关政策获得了医疗费用报销和养老金补助，贫困人口得到了基本医疗保障。不过，一些有重病和慢性长期病人的家庭，其医疗费仍然是一笔巨大的支出，造成了贫困家庭的生活困难和债务积累，对家庭的脱贫和长期建设产生了巨大的压力。

三 其他社会保障

（一）社会养老

社会养老一直是社会关注的焦点问题，贫困农村地区的老年人也面临同样的养老压力。青海省农村牧区延续着传统的家庭养老观念，以子女抚养与个人自养相结合为主。随着农村牧区改革的逐步深入，青壮年劳动力大量外出务工，传统的家庭养老功能逐步弱化，农牧民的社会养老就显得日益重要。2009 年，青海省启动了新型农村牧区社会养老保险试点工作，经过一年多的努力，2010 年底在全省实现了制度全覆盖，比国家要求的提前了两年。

新型农村牧区社会养老保险是个人缴费、集体补助和政府补贴相结合，基础养老金与个人账户相结合，社会统筹与个人账户相结合，与家庭养老、土地保障、社会救助等政策措施相配套。凡具有青海省农村牧区户籍，年满 16 周岁（不含在校学生）未参加城镇企业职工基本养老保险的农牧民，均可在户籍地参加新型农村牧区社会养老保险。目前，缴费标准设为每年 100 元、200 元、300 元、400 元、500 元 5 个档次。参保农牧民可根据自己的经济状况自主选择缴费档次，按年缴费。青海省对参保农牧民缴费按每人每年给予不低于 30 元的补贴，每提高一个缴费档次增加 5 元缴费补贴。对参保的重度残疾人，政府为其每年代缴 100 元养老保险费，同时给予 30 元的缴费补贴。

参加新型农村牧区社会养老保险并按规定缴费，年满 60 周岁、未享受城镇企业职工基本养老保险待遇的农牧民，可按月领取养老金。新型农村牧区社会养老保险制度实施时，已经年满 60 周岁的农牧民，未享受城镇企业职工基本养老保险待遇以及国家规定的其他养老待遇的，不用缴费，可以直接按月领取基础养老金。

寺尔沟村 60 周岁以上的老人占比为 11.8%。根据联合国对老龄化社会的传统标准，一个地区 60 周岁以上的老人达到总人口的 10% 即为老龄化社会，可以说，寺尔沟村呈现了一定程度"未富先老"的特征，对村民家庭的自我发展和家庭的养老能力产生了较大的压力。因此，社会养老保障对村民具有非常重要的意义。2016 年，寺尔沟村 60 周岁以上的老人都获得了政府发放的养老金，总计为 126000 元。

另外，青海省对 70 周岁以上的老人提供高龄补贴。70~79 周岁的老人每人每月 90 元；80~89 周岁的老人每人每月 100 元；90~99 周岁的老人每人每月 120 元。2016 年，寺尔沟村高龄村民获得的高龄补贴为 35980 元。

根据入户调研结果，目前多数村民认为个人积蓄和子女赡养是重要的养老途径，只有 10% 的被调查者认为养老金可以为他们提供养老的保障。贫困户和非贫困户对是否有养老保障的感受差不多，都介于有保障和没有保障之间。值得注意的是，更多的贫困户认为个人积蓄是一种养老的途径，体现了他们对个人积蓄提高家庭生活水平、提供养老保障的期望（见表 4-7）。

表 4-7　寺尔沟村农户对养老途径的评价

单位：%

项目	养老途径				是否感觉养老有保障 （1 有；2 没有；3 说不清）
	子女	个人积蓄	养老金	个人劳动	
贫困户	45	77	10	6	1.8
非贫困户	63	63	10	—	1.9

注：对是否感觉养老有保障的问题，回答平均得分越低越认为有保障。

村民对国家提供城乡居民基本养老金的看法，与门源县政府部门的有关分析是一致的①。当地政府官员认为，门源县的养老保障水平是偏低的。门源县地处高海拔地区，受自然环境、社会经济等条件的制约，平均自然寿命为65~70岁，平均自然寿命较短，享受待遇年限也较短；在当前物价不断上涨的情况下，缴纳养老金基数小，待遇享受标准低。如果村民缴纳了参保金、没有缴纳个人部分的话，60岁之后领取的仅仅是基础养老金每月每人110元。因此，农牧民对今后养老问题有一定的担忧，对新农保政策有更高的期待。

（二）危旧房改造与扶贫

2016年，青海省住房城乡建设厅和省财政厅联合下发了《关于下达2016年全省农牧民危旧房改造任务和资金计划的通知》。当年全省新建农牧民危旧房改造6.5万户，危旧房改造补助标准为户均2.5万元，其中，中央补助0.85万元，省级补助1.35万元，地方配套0.3万元。

门源县自2009年开始实施农村困难群众危房改造；自2010年起，启动了农村奖励性住房建设，政府奖补资金由2010年的每户5000元逐步提高到2013年的1.7万元，农民建房得到了更多实惠。2016年1月21日门源县发生6.4级地

① 王兴辉：《关于进一步做好门源县城乡居民社会养老保险工作的几点思考》，新华网，http://health.onr.cn/jkgdxw/20150616/t20150616_518860743.shtml，2015年6月16日。

震，全县有 600 户农房出现不同程度的裂缝，但是没有房屋倒塌。这与门源县近年来实施的危旧房改造工作密切相关。

2016 年，《海北州农牧民危旧房改造实施方案》将原"农村困难群众危房改造"和"农村一般群众奖励性住房"两项政策合并实施，统称为"农牧民危旧房改造"。在项目实施中，不再区分农村困难群众危房改造和一般群众奖励性住房，其对象为除易地扶贫搬迁建档立卡贫困户外，仍居住在农村危旧房中、有改善住房意愿且未享受过农牧区住房政策的农牧民群众（包括就地安置不搬迁且在全国农村住房信息系统中已标识的建档立卡贫困户）。

建设方式原则上以农户自建为主，只与易地扶贫搬迁住房项目、建设高原美丽乡村相结合。建设标准是户均建筑面积原则上不低于 50 平方米。补助标准为户均 2.5 万元（中央补助户均 0.85 万元，省级补助户均 1.33 万元，县级配套户均 0.32 万元）；对五保户和重度残疾人家庭适当提高补助标准，对农村低保、重点优抚对象每户按 2.5 万元标准补助；对一般残疾人家庭按 2.2 万元标准补助；对因灾倒房的贫困灾民户和一般户、与异地扶贫搬迁项目相结合的整体搬迁户按 1.8 万元标准补助；一般群众继续按照 2013 年奖励性住房建设户均奖补 1.7 万元。

2016 年，寺尔沟村共有 9 户村民获得了农牧民危旧房改造补助，其中一般户有 6 户，农村低保或重点优抚对象有 3 户。补助对象为一般农户的户均补助为 1.7 万元；补助对象为农村低保、重点优抚对象的，户均补助为 2.5 万元。全村危旧房改造补助总计为 17.7 万元（见表 4-8）。

表 4-8　2016 年寺尔沟村危旧房改造补助

危旧房改造	补助对象	补助标准 （元 / 户）	补助户数 （户）	总计（元）
标准一	一般户	17000	6	102000
标准二	农村低保、重点优抚对象	25000	3	75000
标准三	五保户和重度残疾人家庭	28000	0	0
合计	—	—	9	177000

（三）草原生态保护补奖

青海是中国五大牧区之一，长期以来在传统游牧畜牧业经营方式下，草场缺乏有效保护和科学管理，超载过牧导致草地严重退化，生态环境破坏，畜牧业经济效益低下。根据财政部、农业部要求，青海省自 2011 年起，在全省草原牧区实施了 5 年为一个周期的草原生态补奖机制政策，全省共落实天然草原禁牧 2.45 亿亩，草畜平衡 2.29亿亩，牧草良种补贴 450 万亩，生产资料综合补贴 17.2 万户，核减超载牲畜 570 万羊单位，天然草原基本实现草畜平衡。青海省牧区天然草原平均产草量、植被覆盖度和植被高度均有所提高。"十三五"期间草原补奖政策继续实施。在草原生态保护补助奖励长效机制下，天然草原可食牧草产量、草群平均高度均显著提高，有效增加了饲草资源，促进了舍饲养殖。

2016 年，寺尔沟村共获得了 60444.4 元的草原生态保护补奖资金。

第五节　国家救助一览

　　除以上所述的各项国家资助外，寺尔沟村村民还享受了其他的国家救助政策，比如困境儿童（残疾）和临时救助等。2016 年寺尔沟村村民获得的国家救助扶助金共计为1442886 元（见表 4-9）。

表 4-9　2016 年国家救助情况

单位：元

项目	补助金额
粮食直补及农资综合补贴	262818.6
完善退耕还林政策补助	71163
重点公益林补偿金	9884
草原补贴	60444.4
独生双女户奖励扶助金	2720
学校贫困寄宿生生活补助资金	190800
危旧房改造	177000
大学生助学补助资金	82000
残疾人补助资金	9600
农村最低生活保障资金	210100
农村五保资金（分散生活）	42896
大病救助金	50000
临时救助金	7000
60 岁以上养老金	126000
高龄老人生活补贴	35980
困境儿童补助资金	7200
分红	97280
总计	1442886

第五章

村庄精准脱贫精准扶贫实践

本章分析了寺尔沟村贫困村民的致贫原因，总结了当地开展精准扶贫精准脱贫的主要经验和措施，分析了村庄脱贫过程中存在的主要问题。

第一节　致贫原因

贫困农户的主要致贫原因可分为两个方面，一方面与当地的自然资源、区位和产业发展条件有关，是典型的环境因素；另一方面则与家庭条件密切相关，是典型的内部因素。从环境因素来看，相对于当地其他的贫困村庄，寺尔沟村的自然资源和区位因素优势更多，该村虽然也处于高海拔脑山半脑山地区，但是气候相对暖和，土壤比较肥沃，水资源相对丰富，具备生产绿色农产品的条件。交通条件较好，有利于该村产业发展、村民外出读书或务工。多年来国家的基础设施建设及近年来的升级改造极大地改变了村庄的生产生活条件，村庄水、电、路和通信设施齐全，为村庄与外界的商品、信息交换提供了必要的条件。不过，该村经济活动以传统的农牧业为主，产业结构单一，规模小、附加值低、抗风险能力弱，产业发展环境存在劣势，限制了贫困农牧民增加收入的途径。

疾病或残疾和劳动力创收能力低是寺尔沟村贫困户致贫的主要家庭内部因素。首先是疾病或残疾。疾病或残疾减少了贫困户的劳动力人口，降低了他们通过本地务农或外地务工的创收能力，使家庭缺乏充分的创收渠道；因家庭成员重大疾病产生的刚性医疗支出，增加了有病残人口农户的生活支出。根据 2016 年底该村填报的《青海省扶贫对象清单》，全村 45 户贫困户中，仅有 3 户是因为家庭缺乏劳动力，仅 1 户是因为缺乏技术，其他 41 户贫困户都是因为疾病或残疾而致贫。村庄入户调研的结果也证实了这样一个评判。贫困人口与非贫困人口的健康率存在明显的差异，贫困人口的健康率为 55%，非贫困人口的健康率为 73%，对贫困家庭产生了更为沉重的负担。贫困户发生医疗支出的比例、报销医疗费及报销后家庭医疗支出金额等都显著高于非贫困家庭，也就是说，贫困户家庭有病的多，医疗总支出大，自费数额也大。如果把医疗支出平均到每个贫困户或非贫困户，虽然贫困户报销的医疗费是非贫困户的 2.6 倍，但是贫困户的医疗支出也达到了非贫困户的 2.5 倍。

图 5-1　寺尔沟村一贫困农户家庭院落前

其次，贫困户的劳动创收能力普遍弱于非贫困户。对村民健康状况、农业生产活动、外出务工和收入与支出的调查发现，由于贫困户家庭健康状况较差、技能水平较低，贫困户与非贫困户在劳动力数量和结构、务工天数、日均收入等方面存在显著的差异，影响了贫困户的劳动创收能力。第一，贫困户劳动力人口比例、普通全劳动力比例远远低于非贫困户；贫困户部分丧失劳动能力人口比例、无劳动能力和无自理能力人口比例远远高于非贫困户，贫困户缺乏劳动力尤其是普通全劳动力。第二，贫困户在本乡镇内外和省内外务工的天数均显著少于非贫困户；贫困户外出务工劳动力的日均收入明显低于非贫困户。因此，贫困户外出务工的创收能力（户均工资性收入为6858元）显著低于非贫困户（户均工资性收入为15464元）。第三，从人均耕地面积、种植养殖方式、农业耕作机械装备水平、农业生产经验来看，贫困户和非贫困户相差不多，但是由于贫困户（包括第一劳动力和第二劳动力）从事农业生产的天数显著少于非贫困户、因此贫困户投入农业尤其是养殖业生产的资金远远少于非贫困户，因此贫困户的户均农业经营纯收入（1600元）远远低于非贫困户（8668元）。

总体来看，寺尔沟村以传统农牧业为主的单一产业结构限制了村民增加收入的途径；贫困户疾病残疾发生率更高、创收能力差，使得贫困户收入增长更加缓慢、家庭支出成本增加，造成了寺尔沟村贫困人口的"收少支多型"贫困。针对寺尔沟村贫困发生的特点和主要原因，必须有的放矢开展综合全面的精准扶贫工作，使寺尔沟村贫困村民找到一条脱贫的有效途径。

第二节　贫困户精准识别

精准扶贫的基础是精准识别。门源县在精准扶贫攻坚工作中，按照"群众申请、民主评议、村级评审公示、乡镇审核公示、县级审定公告"的"五步法"建档立卡精准识别程序，精准识别贫困对象。在此基础上，建成"户有本、村有册、乡有簿、县有电子档"的台账式管理系统，全村贫困人口"一户一档"，制订了"一户一策、一人一法"脱贫方案。

在实际操作中，门源县、东川镇成立了由党政一把手同时担任组长的"双组长"扶贫开发工作领导小组，设立了脱贫攻坚办公室，东川镇还配备了一名专职扶贫干事；具体事务由村两委和驻村工作队全面负责。2015年底，村两委和驻村工作队开展了挨家挨户的贫困人口核查工作，在评议贫困户时，充分考虑家庭人口数量、年龄结构、劳动力现状及全年的收支需求等因素。在群众申请、村民民主评议、村级评审公示过程中，做到了透明、公开和民主。通过"一家一户调研摸底"和评议申请、公示公告、抽签审核、信息录入等精准识别程序，寺尔沟村顺利完成了贫困人口的核查、评议和核准工作。每个贫困户都被列入该村的《扶贫对象清单》，就贫困户属性、致贫原因分别进行了登记，为精准扶贫奠定了坚实基础。

在评定过程中不可避免会出现一些矛盾。针对这一点，驻村工作组与村两委做了细致的工作，一方面利用村规民约，引领村民保持纯朴的民风；另一方面，客观公正地做好精准识别，认真开展村重点人员与村矛盾纠纷排查工作，对个别村民进行教育帮扶，以免生是非，不因极个别村民的意见不一致而影响整个村的各项工作，把矛盾纠纷解决在萌芽状态。

寺尔沟村贫困人口疾病残疾发生率高、创收能力差，属于"收少支多型"贫困，因此以往仅从收入和财产的角度来评判农户的贫困程度已不再合理。县乡村干部和普通村民也是从实际情况出发，采用了较全面的收入、财产和健康的多维度判断指标来评判一个家庭是否为精准扶贫的对象，这种评判标准是合理的。比如，一个家庭是否有慢性病病人或危重病人、是否有充分的劳动力等容易掌握和判断的指标，补充了收入指标，增加了贫困度鉴定的公开公平程度，提高了村民对贫困户鉴别结果的接受度。

在识别过程中，寺尔沟村有一位村民还主动拒绝了群众评议的贫困户名额，体现出了村民纯朴善良和自立自强的品质。村民王某某为寺尔沟村四社村民，未婚，母亲患有慢性心脏病和糖尿病，家庭经济仅靠他外出打工支撑。2015 年 11 月经村民提议、表决和公示，将他评为了建档立卡贫困户。公示当天下午，他怀着感恩的心情来到村委会，对驻村第一书记说："感谢政府，感谢党！现在我虽然有点困难，但我能扛得住，把这个名额让给其他困难户吧。"大家都很敬佩他这种自强自立的精神，村委会为此还向县扶贫局提交了表扬信。

经农户申请、村党支部会提议、村"两委"会商议、党员大会审议、村民代表会议表决，寺尔沟村通过精准识别确定"两线合一"建档立卡贫困户 45 户 154 人，其中，一般贫困户 13 户 42 人，低保贫困户 29 户 106 人，低保户 3 户 6 人。有 41 户是因病或残疾致贫，有 3 户是因家庭缺乏劳动力，1 户是因为缺乏技术。

第三节　村庄精准扶贫主要措施

在各级政府的扶持和社会各界的帮扶下，近年来各项精准扶贫措施落实到村，对寺尔沟村的贫困农户和贫困村民给予了全方位的精准扶贫脱贫支持。以下为主要措施。

一　美丽乡村建设

各级政府积极整合各种渠道的资金，开展基础设施扶贫到村到户，不断改善村庄生产生活条件，提升基础设施的支撑能力。从 2016 年起，当地政府先后整合党政军企共建、村容村貌综合整治、高原美丽乡村等项目资金，在寺尔沟村开展了最美乡村建设。首先由当地政府对寺尔沟村开展了美丽乡村建设规划。规划提出，要根据寺尔沟村的自然条件和生态优势，以"林中村、村中林"为目标进行布局，使寺尔沟村具有集生态宜居、农牧业产业集聚和休闲旅游为一体的功能。规划评审通过后，东川镇党委和寺尔沟村"两委"组织了 11 家结对援建和联点扶贫单位召开座谈会进行沟通协商，通过实地查看、走访群众、与乡村干部交流等方式，详细了解群众在美丽乡村建设、环境卫生整治、河道治理、村庄管理等方面的需求，认真听取民意，收集民愿，明确了援建目标。

寺尔沟村最美乡村建设项目实施了道路、水电、文化广场等一大批基础设施工程，共硬化道路 11.6 公里，完成了寺尔沟村危岩体治理、河道治理等工程，修建了桥涵2座。2017年门源县发展和改革局批准投入了1326万元建设资金，实施了寺尔沟村高原美丽乡村生态广场建设项目。建设内容主要是生态广场，其中包括建设生态园林5000平方米，木亭36平方米，园艺林400平方米，广场1000平方米，太阳能路灯40盏；建设体育广场，其中包括建设园林1500平方米，篮球场800平方米及健身器材、篮球架一套，太阳能路灯20盏。项目完成后，村庄面貌发生了翻天覆地的变化。如今的寺尔沟村已经变成了一个田园美、村庄美、生活美的"最美乡村"。

图5-2　寺尔沟中段体育广场
（作者拍摄于2019年7月）

二　结对帮扶和单位援建

一是结对帮扶到村到户。自2015年起，门源县和东川镇建立健全了结对帮扶到村到户工作机制，镇政府选派了第一书记和驻村工作队队员入驻寺尔沟村开展帮扶。第一书记和扶贫驻村干部协助制订了贫困村脱贫规划，并利用工作单位及岗位优势，积极申请争取帮扶项目、资金、物资等，提供就业信息，联系有关单位提供就业岗位等，使结对帮扶工作有了一定的实效。

二是派出单位援建支持。寺尔沟村的扶贫工作得到了青海省多家派出单位"项目、资金、责任"三捆绑的援建支持。2017 年 8 月 9 日至 10 日，青海省煤炭地质局、海北州委组织部、州发改委、州安监局、州民宗委、州森林公安局和门源县政协办公室、县委宣传部、县交通局、县经商和安监局、县残联等 11 家省州县结对援建和联点扶贫单位逐个与门源县东川镇寺尔沟村签订了《高原美丽乡村结对共建协议书》，启动了寺尔沟村美丽乡村建设。

在前期调研协商的基础上，各结对援建和联点扶贫单位结合实际，积极发挥部门职能优势，积极整合各方资源，研究提出了具有实质意义的援建项目和援建措施。青海省煤炭地质局承诺为门源县寺尔沟村符合条件的群众提供劳动就业岗位，并解决了 1 万元援建资金；海北州发改委确定在落实一定援建资金的基础上，积极协调争取 10公里河道治理项目；州民宗委承诺解决寺尔沟村村企生态养殖专业合作社砂石路 3 公里和人畜饮水工程；州委组织部确定为新建村级综合办公服务中心支持内部设施配套资金 10 万元，并协调安排 10 万元的活动中心广场建设项目；州安监局承诺解决 2 万元的援建资金；州森林公安局承诺为寺尔沟村解决共计 8.7 万元的绿化苗木；县交通局承诺为寺尔沟村解决共计 18 公里的乡村道路加宽、入户硬化路，修建桥梁 1 座；县经商和安监局承诺为寺尔沟村建立电子商务服务点，联系牦牛肉销售订单，并解决援建资金 1 万元；县政协办公室和县委宣传部承诺各解决 1 万元的援建资金；县残联确定提供帮扶建设资金 5000 元。共签订各类共建项目 14 项，落实共建资金 45 万元。

三 教育扶贫

教育扶贫到村到户。积极落实国家的教育扶持政策，让每个贫困家庭的孩子都能接受良好的学前教育、义务教育和高等教育。国家为寺尔沟村配备了一个幼儿走教点，长期居住在村里的儿童几乎都在幼儿走教点就学。小学阶段适龄儿童几乎全部在东川镇寄宿制小学就读。初中阶段适龄人口都在门源县第一寄宿制初级中学就读。高中阶段适龄人口大多在海北州第二中学就读，也是一所寄宿制学校。门源县为了进一步改善农村学生营养状况，促进教育公平，对全县农村牧区义务教育阶段学校寄宿制学生和非寄宿制学生提供营养餐补助，对高中春季学期和义务教育阶段贫困寄宿生提供生活费补助，资金来源以省级财政为主，州县级财政为辅。寺尔沟村家庭经济困难的寄宿小学、中学和高中生普遍受益。2016年，寺尔沟村共发放了 190800 元学校贫困寄宿生生活补助资金。

在大中专教育方面，根据不完全统计，2016年寺尔沟村共有22名学生在省内外中专及以上学校就读，其中中职6人，高校专科9人，高校本科7人。他们可申请得到青海省三江源地区异地办学奖补资助。该政策对当年考入普通高校本、专科的农牧民家庭学生给予了切实的资助，奖励高校本科每人1万元，高校专科每人1000元，大大减轻了贫困农牧民家庭孩子就学的经济压力。

在村民技术培训方面，2016年共有12名村民参加了政府组织的各种技术培训，主要培训内容为特色种养殖业、农业病虫害防治和牲畜品种改良、育肥、疫病预防等贴近群众生产的实用科技知识及技能。

四　社会保障扶贫

社会保障是精准扶贫的一个重要内容。对贫困对象中符合农村低保、医疗救助、临时救助、住房救助等条件的，及时落实相关政策，给予相应补助救助。2016年，寺尔沟村村民获得的国家救助扶助金共计为1442886元，极大地减轻了村民的经济压力。其中，发放农村低保金21万元、五保金4.3万元、残疾人补助资金0.96万元、大病救助金5万元、临时救助金0.7万元、困境儿童补助金0.72万元。为60周岁以上村民发放养老金共计12.6万元，为70周岁以上高龄老人发放高龄老人生活补贴3.6万元。为村民报销医疗费达到至少28%。同时，对符合农牧区危旧房改造的帮扶对象，优先安排改造，2016 年共为 9 户村民提供了危旧房改造资金，共计 17.7 万元。

五　产业扶贫

产业扶贫的对象是那些有全部或部分劳动能力，但是受自身条件及当地经济发展水平的制约而创收能力差的贫困村民。寺尔沟村开展产业扶贫的思路是依托资源优势带动产业发展。寺尔沟村草场资源丰富，发展牛羊养殖可突出本地特色，可通过致富能人带动发展特色养殖产业，贫困群众将部分或全部扶贫资金以入股的方式投入生产，将盈利后所得的资金为贫困户分红脱贫。2016 年起寺尔沟村启动了东川镇寺尔沟村产业发展扶贫项目，具体将在下一章进行阐述。

六　扶贫措施与效果的村民评价

根据对寺尔沟村的入户调研，对"本村贫困户选择是否合理"这一问题，贫困户平均打分为 1.62，回答介于"非常合理"与"比较合理"之间。非贫困户平均打分为 2.01，回答介于"比较合理"与"一般"之间。贫困户比非贫困户更加认可本村贫困户选择的合理性。

寺尔沟村被调研户对"政府为本村安排的各种扶贫项目是否合理"这一问题，贫困户平均打分为 1.70，非贫困户平均打分为 1.97，回答都介于"非常合理"与"比较合理"之间，贫困户相对更加认可本村各种扶贫项目的合理性。寺尔沟村调研户对"本村扶贫效果的评价"，贫困户平均打分为 1.82，非贫困户平均打分为 2.03，贫困户比非贫困户更加认可本村扶贫项目的效果。

总体上，贫困户与非贫困户相比，更加认可贫困户选择和扶贫项目的合理性，对扶贫项目的效果认可度更高。

第六章

特色产业扶贫专题

党的十九大报告重申了到 2020 年我国现行标准下农村贫困人口实现脱贫的庄严承诺，并要求做到"真脱贫"。"真脱贫"并非只是改善收入的相关指标，而是要根本改变贫困人口的自身状况及其所处环境，培养贫困村民的自我发展能力。

实现"真脱贫"需要区分两种不同的贫困群体。对那些没有条件通过自身努力和市场回报实现脱贫的贫困人口，需要为他们提供风险保障和兜底保障来实现脱贫。另外一些贫困人口有一定的劳动能力，但是受自身条件及当地经济发展水平的制约，在创收过程和收入分配格局中处于弱势地位，难以脱离贫困、合理分享经济增长的成果。对这一部分人口，就需要政府采取适当措施激发"益贫式"的经济增长，使经济发展更有利于贫困群体，从而

第六章 —— 特色产业扶贫专题 ——

在外力的作用下，改善贫困人口参与发展的自身条件，促进贫困人口的市场参与，推动当地的经济发展，同时从贫困人口本身和其身处的发展环境着手，实现造血式"真脱贫"的减贫目标[1]。

产业扶贫即是针对上述第二类贫困人口设计的扶贫措施。多年来，我国在农村扶贫脱贫工作中形成了生存型扶贫、支持型扶贫和开发型扶贫三种模式。前两者旨在解决最低的脱贫需求，而开发型扶贫旨在实现脱贫致富；由于开发型扶贫以发展贫困地区特色产业为主要手段，因此也被称为产业扶贫。产业扶贫的主要目标是通过发展地方产业，提升贫困群体自身发展能力，改善贫困地区经济发展环境，激发贫困群众脱贫的内生动力[2]。进入21世纪，产业扶贫逐渐成为扶贫工作重点[3]；党的十八大以来，产业脱贫更成为"五个一批"脱贫措施中的首要一批。习近平总书记强调，培育产业是推动脱贫攻坚的根本出路。从我国扶贫工作几十年的实践来看，没有产业带动和产业支撑，就难以实现持续脱贫，实现贫困人口长期稳定的就业与增收。

在我国的实践中，产业扶贫多以项目制的方式进行运作，将各种农村社会建设工程以专项划拨和项目的方式向下分配和转移，从中央政府、地方政府、基层政权到农村社会建立了财政转移支付制度。在产业扶贫项目"落地"

① 左停：《稳定脱贫的制度设计和路径选择》，《光明日报》2018年9月25日。
② 王春光：《社会治理视角下的农村开发扶贫问题研究》，《中共福建省委党校学报》2015年第3期。
③ 梁晨：《产业扶贫项目的运作机制与地方政府的角色》，《北京工业大学学报》（社会科学版）2015年第5期。

过程中，中央政府主要承担投入资金和项目的责任，地方政府主要落实资金和资源的具体分配。不过，这种项目制的产业扶贫运行机制的设计与效果如何，还需要在实际的案例中具体分析。

产业扶贫项目有三种实施方式，分别是依靠政府干部直接推行、通过企业或大户推行、依靠农户广泛参与和合作推行。第一种是基层政府依靠基层公务员系统，由相关职能和业务部门、乡镇干部以"示范户"或"先行先试"的名义在产业扶贫项目中作为承担主体。第二种是依赖"大户"牵头、"能人"带动，或"公司＋大户""基地＋公司＋农户"的运营方式。第三种是由政府推动农户参与养殖或种植协会，在政府支持下帮助农户获得自我发展的能力，通常的操作机制是由协会统一提供种苗购置、圈舍建设、技术指导、市场销售等方面的生产性和市场性服务。寺尔沟村产业扶贫项目属于"能人"带动的第二种。不过，寺尔沟村产业扶贫项目的具体实施过程、方式和效果如何，长期的运行保障如何，还需要通过村庄调研进行了解和分析。

根据以往的经验，不论何种形式的产业扶贫项目，其成功的关键是能够建立真正的农户参与、利益共享的合作机制。一般来说，以"能人"或"大户"为主导的合作组织，为"能人"或"大户"提供了承接国家扶贫项目的渠道和载体，使他们能够通过政府提供的土地、技术和金融等优惠政策，降低成本、增加盈利空间。相对于散户而言，"能人"或"大户"拥有更多的市场、技术和产品优势，而这些是散户很难通过学习得到的。在这方面，政府应当坚持公平公正的原则，合理分配公共资源，建立真正的农户参与、利益共享的合作机制，使得贫困户在增加收入的同时，还能提高技术和市场运作能力，从而缩小与其他非贫困户之间的收入、生活水平和社会地位的差距。寺尔沟村产业扶贫项目在实施过程中是否建立了农户参与、利益共享的合作机制，该机制的成效如何，还需要进行实地调研。

在多年的实践中，产业扶贫模式的实施也遇到了一些现实的挑战与困难，这主要是因为产业扶贫这一理念和行动本身就存在内在矛盾。产业扶贫的目标是扶贫，发展产业是扶贫的手段；"产业化"意味着市场经济在资源配置中起到重要的作用。然而，产业扶贫的措施本身属于社会政策范畴，各级政府制定社会政策，行使行政手段，开展制度安排，配置公共资源，从而实现提升贫困群体自身发展能力、改善贫困地区经济发展环境的目的。因此，在产业扶贫过程中，要合理处理市场力量与行政政策之间的矛盾，一方面政府要尊重市场力量；另一方面要合理运用行政力量，政府不要大包大揽甚至包办代替，而是要提供充足的专业技能公共服务，促进农户广泛参与、协调村民合作、培养村民的自我发展能力①。寺尔沟村在产业扶贫项目的实施过程中，对所涉及的市场力量和行政力量的协调和处理，也是村庄产业扶贫调研的一个重要内容。

我国贫困地区情况各异，贫困户生产生活能力各不相

---

① 梁晨：《产业扶贫项目的运作机制与地方政府的角色》，《北京工业大学学报》（社会科学版）2015 年第 5 期。

同，因此，产业扶贫必须考虑各个村庄和每个农户的具体情况，因地制宜、因户施策，发展适合当地的特色产业，让贫困户实实在在地分享到产业发展的红利。寺尔沟村有其独特的自然环境和经济社会特点，该村发展特色养殖业开展精准扶贫的实践，为我国开展产业扶贫提供了具体的经验和指导。

第一节　青海省产业扶贫总体情况

在中央政府的大力支持下，青海省全面构建了到县、到村、到户的产业扶贫体系，投入了大量的财政扶贫资金。近年来青海省建设了 39 个县级扶贫产业园，为贫困村投入互助发展资金，为有贫困人口的行政村提供集体经济扶持资金，为贫困人口提供到户产业扶持资金。2016 年，青海省按每村 50 万元的标准，在 1622 个贫困村建立互助资金组织；2018 年按贫困村 50 万元、非贫困村 40 万元的标准安排村集体经济扶持资金，实现了对 4024 个有贫困人口的行政村全覆盖。同时，根据贫困群众个人意愿扶持到户产业项目，按照藏区人均 6400 元、农区人均 5400 元的标准，引导扶持 44.35 万有意愿、有能力的贫困人口发展到户产业，构建以贫困户为主体的家庭经营性产业发展模式。通过各类产业扶贫政策的叠加，2018 年青海省已脱贫 27.7 万贫困人口中有 86.3%，其享受了产业扶贫政策。截至 2018 年，青海省累计投入产业发展扶贫资金已占中央和省级财政扶贫资金的 70% 以上。

对于贫困人口，青海省制定了全面精准的产业扶贫政策。在充分尊重贫困群众发展愿望和自主选择项目的基础上，采取"一村一策""一户一法"，对有劳动能力和生产发展愿望的贫困人口重点扶持发展特色种植、养殖业；对有劳动能力、有发展愿望，但没有经营能力或产业选择较难的贫困人口，通过龙头企业、专业合作社等各类新型经营主体带动方式，将财政专项扶贫资金和其他涉农资金投入形成的资产折股量化给贫困村和贫困户。支持贫困户将土地、草场等生产资料折股量化到产业扶贫项目，增加财产性收入。为贫困户发展产业提供基准利率、免抵押、免担保的小额信贷支持。建立贫困村互助资金，优先确保贫困户借款，支持发展到户生产性项目。允许到村扶贫互助资金作为担保资金，撬动金融机构贷款，扩大资金规模，提高资金使用效率。与此同时，青海省积极培育贫困地区支柱产业，壮大优势主导产业，配套完善牦牛、青稞、光伏扶贫、乡村旅游等产业扶贫专项实施方案和规划，为稳步推进产业扶贫提供支撑。根据青海省产业扶贫规划，寺尔沟村所在的门源县属于环青海湖地区，该地区产业扶贫的方针主要是推进生态畜牧业的发展、因地制宜地发展农畜产品加工业、探索青海湖特色旅游等。

青海省产业扶贫目前形成了多种模式，如股份合作模式、集体经营模式、企业带动模式、土地流转模式等。其中股份合作模式是农牧业经营能手与贫困农牧民之间开展股份制合作发展生产的一种模式，其思路是在村民能手的带领下成立产业合作社，利用扶贫资金获得银行贷款，同时贫困人口入股合作社，利用这些初始资金启动合作社的产业发展。这也是寺尔沟村所采取的产业扶贫模式。农牧民之间存在较大的文化素质和生产经验差异，一些农牧户有能力迅速脱贫，但是有一些通过反复扶持仍然无法脱贫。把一部分农牧户的土地、草场、牲畜、资金等作价入股，挑选经营能手作为法人实施经营管理，按照现代企业制度实施生产经营，形成市场化的农牧业经营实体，把多种资源有机结合起来，通过规模化、集约化、高效率经营，解决部分农牧户因经营不善而导致贫困或返贫的问题[1]。

青海省内股份合作模式比较成功的案例是黄南藏族自治州泽库县宁秀乡拉格日村。2010 年以前拉格日村还是当地一个典型的重点贫困村，天然草场严重超载，草场植被逐年退化，畜牧业经营效益低下，农牧民收入低。2011年初，拉格日村在政府支持下组建了拉格日生态畜牧业合作社，利用政府提供的扶贫资金和群众入股资金购买了藏系黑牦牛和羊，整合了村里的 6000 亩草场，开展规模化养殖业，只用 37 人管理牛羊。2012 年，首批入股的牧户获得分红 51 万元。近年来拉格日村合作社持续发展，实行以草定畜入股、牲畜分群饲养、草地划区轮牧、收益按股分红按劳计酬等制度，成为全国草地生态畜牧业合作社

---

① 申红兴：《构建青海藏区产业扶贫动力机制研究》，《宁夏社会科学》2014 年第4 期。

发展的典型。2018 年，合作社入股牧民已增加到 172 户818 人，整合草场面积达 9.01 万亩，牲畜入股为 5019 头（只），牧户、牲畜、草场等资源整合率平均达到 95%。合作社成立至今，累计现金分红 1234.37 万元，人均每年可达到 1 万多元。在有一定的资金积累后，合作社开始发展第三产业，投资修建宾馆和餐厅，建立有机畜产品直销店，还利用扶贫产业扶持资金在西藏拉萨创办了合作社畜产品直销中心，拓宽了入社牧民的收入来源。合作社经营的生态效益也很明显，拉格日村天然草场产草量和载畜量显著增加[1]。拉格日村的产业扶贫实践对寺尔沟村的产业扶贫有重要的借鉴和启示意义。

第二节　门源县产业扶贫情况

2016 年以来，门源县积极扶持当地种植、养殖业和高原生态乡村旅游业等特色产业。特色种植、养殖产业主要是发展草地生态畜牧业和设施农牧业，打造奶牛、肉牛、藏系羊、马鹿等养殖基地，扶持带动贫困人口脱贫增收。为了精准带动贫困户增收，门源县将 6387 万元产业扶持项目资金通过量化折股的方式配置给贫困户，入股到农牧业龙头企

---

[1]　吴占云:《"拉格日模式"让泽库县走上现代化生态畜牧业之路》,《青海日报》2018 年 7 月 27 日。

业、农牧业专业合作社、家庭农牧场等各类经济组织。高原生态乡村旅游业主要是集中投入财政扶贫资金，撬动社会及其他资金 2 亿余元，打造乡村旅游景点及健康养生基地，如东川镇鱼儿山、浩门镇头塘村、仙米乡大庄村等基地和景点，在直接带动建档立卡贫困户的同时，辐射带动景区周边农户发展农家乐、家庭宾馆、土特产销售等产业 [①]。

第三节　寺尔沟村产业扶贫情况

贫困农牧业地区需要因地制宜，把当地多样化的资源优势逐渐转化为产业优势和经济优势，从而增加贫困农民收入。寺尔沟村是一个脑山半脑山地区的贫困村庄，具有发展高原特色养殖业的资源优势，其秀丽的风景还具有一定的乡村旅游开发潜力。不过，在目前的扶贫攻坚阶段，寺尔沟村产业扶贫还仅限于特色生态养殖产业。

一　特色养殖业的发展优势

寺尔沟村发展特色养殖业，具有如下自然资源与区

[①] 门源县委宣传部：《2017 年门源县脱贫攻坚工作回顾之六：政策落实情况之强化产业扶贫、突出精准性》，金门源信息网，http://www.qh.xinhuanet.com/myx/2018–10/12/c_1123551944.htm，2018 年 10 月 12 日。

位优势。第一，寺尔沟村自然环境条件适于生产优质的无污染绿色农产品。寺尔沟村气候冷凉湿润，年降雨量530~560毫米。土壤土体较厚，土壤疏松，结构较好。基本没有工业污染源，大气洁净，水质良好。农作物病虫害发生概率低，农业生产长期保持较低水平的化肥、农药等投入。适于生产优质的无污染绿色农产品。

第二，当地草场优势明显，为当地发展养殖业提供了良好的牧草资源①。从牧草种类来看，当地草场常见的植物有64科202属479种；牧草采食率、适口性和营养皆优的植物种类不多，主要为禾本科、莎草科、蓼科、菊科、豆科植物，却是组成草地种群的主要优势种和伴生种。由于当地位于祁连山东段，境内地貌类型复杂，热量分布差异大，草地具有季节性的放牧用途，形成了三季或两季轮牧的放牧体系。

第三，通过多年的发展，门源县畜牧业的经营管理水平有了明显提高，为寺尔沟村特色养殖业的发展提供了良好的产业大环境。门源县草场冬春、夏秋面积之比为1：1.2，冬春、夏秋草地放牧时间分别为240天和120天，且不同季节牧草产量差异十分明显，冬春缺草是当地发展畜牧业的主要限制因素。针对这一局限，当地形成了夏牧场和春秋牧场轮牧，冬春进行舍饲、人工饲草的畜牧业生产方式，这种草场资源的配置方式解决了当地冬春和夏秋草场放牧时间和面积比例不平衡的问题。目前，门源县已基

---

① 王有良：《门源县草地利用现状及可持续利用措施》，《草业与畜牧》2007年第10期。

本实现了围栏、种草、畜棚、定居点的"四配套",形成了较好的抵御草场制约和自然灾害的体系。牧区冬春草地全部承包到户,部分夏秋草地也已被承包,调动了牧户保护和建设草地的积极性。

第四,门源县是青海省重要的牛羊肉、牛奶等特色畜产品的生产基地,为寺尔沟村特色养殖业的发展提供了良好的市场大环境。当地的天气、水源、土壤、草原、生物等构成了良好的生态环境,为高原有机特色农产品生产创造了得天独厚的条件。门源县的菜籽油、牛羊肉等农产品质优味美,深受消费者的欢迎。

第五,养殖品种有优势。湖羊是我国特有的宝贵绵羊品种,可终年舍饲,早期生长快,繁殖力强,对环境适应能力强,抗病力强,尤其还具有多胎的遗传基因;肉质比小尾寒羊细腻鲜嫩。

第六,寺尔沟村草场面积大,草场资源丰富。该村有4万亩草场是集体用地,寺尔沟河流经村庄逆流而上,小河两岸的草场有13公里长,牧草资源丰富、品质优良。根据村干部介绍,这些集体草场如果通过半放养、半圈养的方式合理高效利用的话,载畜量可达5000头牦牛和1万只羊,且肉质好、成本低,非常适合发展较大规模的养殖产业。

第七,村民具有丰富的特色养殖经验。多年来,寺尔沟村村民一直有从事养殖业的传统,很多村民都具有一定的家庭养殖或较大规模养殖的经验。根据村主任介绍,全村几乎每家每户都养殖牛或羊,有150多户养殖牦牛,

2016 年的存栏量为 2687 头；有 150 多户养殖羊，存栏量为 6300 多只；养殖牛及养殖羊的农户数量各占全村农户总数的 60% 左右。另外，当地政府致力于打造高原现代生态农牧业示范区，在高效养殖技术推广示范、农牧民综合素质提高方面做了大量的工作，提高了村民的综合素质。

二 寺尔沟村产业扶贫项目

（一）产业扶贫项目的启动

2015 年 11 月，时任驻村第一书记进村开展工作，经村两委和部分党员多次协商，决定要充分利用寺尔沟村的优势，因地制宜发展特色养殖业，推动村庄产业扶贫。经讨论后，村委会决定建立养殖专业合作社，推荐选举该村养殖业带头人、村主任为合作社董事长。2016 年 3 月 1 日，寺尔沟村企业生态养殖专业合作社正式成立。合作社发展思路经上报东川镇人民政府后，获得了政府的大力支持。2016 年上半年，东川镇人民政府决定对寺尔沟村实施精准扶贫产业扶持项目，项目承担主体为寺尔沟村企生态养殖专业合作社。2016 年 6 月，门源县东川镇人民政府制定了《门源县 2016 年东川镇寺尔沟村精准扶贫产业扶持项目实施方案》，项目主管单位是东川镇人民政府，申报单位是东川镇寺尔沟村村委会，项目责任人为东川镇人民政府镇长。该规划对项目的建设条件、建设目标和内容、投资估算、效益分析、运行机制与组织管理进行了详细的规划。

产业扶贫项目的实施地点位于东川镇寺尔沟村大东沟滩，是寺尔沟村海拔较高的地段。项目建设方案是以"合作社 + 贫困户"的形式，将扶贫资金入股到村企合作社，并由合作社分阶段发展种植、养殖业。方案中还详细列出了入股贫困户登记表，包括贫困户姓名、家庭人口数、贫困户属性、扶贫资金和入股分红方式。

合作社的入股与分红方式由门源县扶贫局和东川镇政府审核认定。合作社与村委会签订协议，以"合作社 + 贫困户"的形式，按照贫困户的个人意愿，将精准脱贫户的扶贫资金（按藏区每人 6400 元）投入村企生态养殖专业合作社中，按照"负盈不负亏"的原则，无论企业盈利还是亏损，年底按照注入资金额度 10% 的比例进行分红。分红时，合作社将分红资金交由镇政府，由镇政府向精准扶贫户发放分红资金。

项目建设实际总投资为 326.72 万元，其中门源县扶贫办拨付了贫困户扶贫资金 94.72 万元；合作社利用扶贫专项资金作担保金，向门源县农业银行申请贷款 180 万元；海北州民宗委扶持了 33 万元发展资金；联点单位帮扶 3 万元、县级补助资金 6 万元。非贫困户社员入股 10 万元。受益于项目的贫困户共计 42 户，受益贫困人口为 148 人（低保兜底户除外）。

项目建设的固定投资达到了 200 多万元，占总投资的 60% 以上。合作社在村大东沟滩建设了生态养殖场，占地面积为 30.05 亩，总建筑面积为 4632 平方米，其中有养殖大棚 4 栋，共 2184 平方米，每栋的基建投入达到了 19 万元左右，4个养殖大棚的建设成本接近 80 万元，700 米围墙的建设成本达 70 万元。建设了储草棚 585 平方米、办公附属用房 8 间。2017 年养殖基地的基建完成后，水电路等配套基础设施才陆续建成。生态养殖场位于寺尔沟村的深山处，因此投资修建了 3 公里长通向养殖场的砂石路。2018 年供电部门为养殖场从村里接通了 3 公里多的电线。饮用水源为井水，由合作社投资 3000 多元在养殖场内打井供应。合作社还投资 4300 元安装了监控器，主要用于监控牛犊生产。

图 6-1　寺尔沟村养殖合作社远景

（二）产业扶贫项目的运行

2016 年合作社正式开始运行。根据对合作社董事长兼村主任的访问，2016 年至 2019 年上半年，合作社的生产经营活动正常开展。2016 年合作社购入羔羊，经育肥后出售了 1200 只羊。每只羊的销售收入平均为 860 元左右，共收入 103 万元。这批羊的人工、饲料等可变成本为 23 万元，羔羊的购入成本约为 55 万元。2016 年，门源县村企生态养殖专业合作社向寺尔沟村贫困户 42 户 148 人分红 9.472 万元，人均分红 640 元；非贫困户亦按入股金的 10% 分红，红利所得为 1 万元；两项分红合计为 10.472 万元。2016 年银行贷款利息为零，不计入固定资产折旧的收入约为 20 万元。

2017 年和 2018 年，合作社调整了养殖品种的结构，养殖场运行正常，但收入逐年下降。2017~2018 年，合作社购入了 70 多头西门塔尔肉牛、架子牛，产犊 20 多头，还养殖了 200 多只羊；2018 年 10 月购入了 700 只大母羊，产羔 500 多只。2017~2018 年出售了 50 多头肉牛和 200 多只羊，每头牛的出售价格为 15000~16000 元，平均为 15500 元；每只羊的出售价格为 600~1000 元，平均为 900 元左右。2017 年和 2018 年的销售收入约为 121 万元。牛羊的购入成本和产羔产犊成本约为 42.4 万元，人工、饲料等可变成本为 46 万元，两年向入股贫困户和非贫困户村民分红约为 20.94 万元；向银行偿还贷款 60 万元后，剩余 120 万元贷款的利息为 10.08 万元；各项成本合计为 119 万元；2017~2018 年，计入贷款利息、不计入固定资产折旧后合作社亏损约为 2 万元；其中 2017 年账面纯收入为 10 万元左右，而 2018 年则亏损 8 万元左右。

2019 年牛羊养殖比例进一步调整，目前养殖有 30 多头牛和 600 多只羊。由于牛犊羊羔的购买或繁育成本已经计入 2017~2018 年度的成本收入计算中，因此 2019 年无需再重复计入，但是 2019 年的收入除去剩余的 60 万元贷款的 5 万元利息、23 万元人工和饲料成本以及红利后，合作社的盈利情况仍然不太乐观；在贷款还清后，合作社的流动资金来源堪忧。

三 寺尔沟村产业扶贫实践中的问题

在国家产业扶贫政策的扶持下，寺尔沟村产业扶贫项目的运行机制设计是系统完整的，投资来源也是有保障的。不过，在项目的实际运行中还是遇到了一些问题，主要体现在项目管理、政府与市场平衡、成本收益、项目可持续性等方面。

第一，东川镇政府提出，产业项目实施过程中政府管理的难度大。东川镇政府是寺尔沟村产业扶贫项目的基层管理机构；保证贫困户扶贫资金的安全和分红资金的按期发放，实现贫困户的预期脱贫，是东川镇政府的首要责任。为此，东川镇政府在项目实施前认真审核项目实施方案，协调政府的扶贫资金，经过多方论证后，将入户扶贫资金注入村企专业合作社，并利用扶贫资金作为"杠杆"，"撬动"当地农业银行为合作社提供商业贷款，并在第一年予以免息优惠。但是，寺尔沟村专业合作社刚刚起步建设，无任何具有较高价值的有效抵押物资产，无法进行评估和办理公证等手续，在扶贫资金注入时无法以有效抵押保证投入资金的安全。另外，作为一家新成立的合作社，其组织者和经营者并没有大规模生产经营和市场运作的经验。为鼓励村集体合作社的发展，东川镇以"利益共享、风险共担"的原则进行投资分红，因此具有一定的经济风险。

第二，寺尔沟村产业扶贫项目过于依赖政府的行政力量，在3年的运行过程中没有实现资金的良性流动，对政府扶持的过度依赖没有得到缓解。寺尔沟村产业扶贫项目在投资、固定资产建设、流动资金、盈利等方面对政府扶持的依赖性一直很强。该项目总投入达到了326.72万元，其中向当地农业银行申请的商业贷款为180万元，仅占总投入的55%。该商业贷款由当地政府允许合作社利用扶贫专项资金作担保金，享受政府提供的第一年免息的优惠政策。其余投入均为贫困户扶贫资金、县级补助和帮扶单位的发展扶持资金。在合作社的建设和实际运营中，国家各项扶持资金占据了固定资产投入的大部分；第一年免息的商业贷款为合作社提供了全部的流动资金。从盈利情况来看，合作社虽然于2016年和2017年实现了一定的盈利，但这是在未考虑固定资产折旧的情况下实现的，且从2017年起合作社的收入和盈利有所下降；如果考虑到固定资产折旧，合作社即使在第一年也未必能够真正盈利。在合作社运营期间，门源县委书记曾两次来到寺尔沟村调研，他非常认可合作社产业脱贫的工作，但也发现了合作社发展中遇到的资金困难，之后给寺尔沟村提供了30万元的扶贫奖励资金，用于合作社的生产经营。合作社董事长认为这笔资金对合作社是"雪中送炭"，非常重要，但也反映了寺尔沟村产业扶贫项目过分依赖政府扶持的事实。

第三，在合作社养殖基地建设的过程中，没有对项目投资进行科学合理的技术经济分析，使得资金没有得到优化合理的利用。村企产业扶贫项目总投资在300万元以上，投资来源有政府拨款和商业贷款，商业贷款从第二年起需要还贷款利息，三年还完。投资分为固定资产和流动资产投资，一般来说，养殖项目的固定资产投资比重较大，而流动资产（如牛犊和羔羊的购置成本）也需要大量的流动资金。在分配资金的时候，需要充分考虑养殖项目的这种投资特点，合理分配固定资产的投入比例，科学估算和保障项目的流动资金需要量，以保障项目的正常运作。在生产经营的过程中，需要合理配置产品规模和结构，在考虑市场需求的情况下，使销售收入能够保证充分的资金流入，在满足现金流需求的同时获得一定的收益。在项目的实际运行中，最初的投资计划、产品计划和收益估算会发生一定的变化，需要根据市场情况和经营情况进行及时调整。

合作社在项目规划中开展了简单的投资和成本估算、进行了产品设计、开展了效益分析，但是在寺尔沟村产业扶贫项目的实行过程中，对项目还是缺乏合理的技术经济分析，没有及时调整，从而导致了项目从一开始就先天不足。比如，分配投资时需要合理规划固定资产投资的比例，留出充分的流动金。但是，在实际建设过程中，项目的固定资产投入比重太高，影响了项目资金的健康运转。

根据合作社提供的信息，合作社在固定资产方面投入了200多万元，仅4个大棚的建设投资就达到了80万元左右，700米围墙的建设成本达70万元，另外还有修建通往养殖场道路、饲料存放加工厂房和宿舍的费用，以及摩托车购置等费用。合作社用于固定资产的投入占项目总投入的2/3。由于资金主要用于固定资产的建设，合作社账户上剩余的流动资金很少，不能满足合作社正常的资金流动需求。另外，项目启动后，最初的产品设计发生了变化，原计划的鸡养殖没有开展，藏羊养殖改为了湖羊养殖，产品发生了变化，养殖规模也缩小了。没有足够大的产品规模就没有充分的现金收入，合作社从一开始就没有达到使项目正常健康运转的现金流入和收益水平。

第四，在严重依赖政府扶持的情况下，合作社在3年多的运行中未真正实现市场化，没有利润积累，没有形成再生产或扩大再生产的能力，缺乏市场竞争力。根据合作社董事长提供的信息，2016~2018年，在没有考虑固定资产投入的情况下，合作社从盈利20万元、盈利10万元到亏损8万多元，生产规模和经营效益持续下降，现金流缺乏，没有利润积累。按照合作社与银行的贷款合同，2019年是合作社还贷的最后一年，合作社目前缺乏按时足额归还贷款的能力。由于养殖业，尤其是较大规模的养殖业需要大量的流动资金用于购买牛犊、羊羔等，合作社在还贷后缺乏能力继续维持或扩大生产规模。从2019年的发展形势来看，未来合作社的继续生存还迫切需要政府在资金上给予有力的扶持。

第五，按照政府的设计和要求，寺尔沟村产业扶贫项目建立了农户参与、利益共享的合作机制。2016~2018年的3年中，入股合作社的贫困户如期足额获得了既定的分红收入。不过，合作社利益共享的机制目前也面临两个难题。一是在产业扶贫项目经营不良、盈利下降甚至亏损的情况下，入股农户的利益也会受损，这是政府扶持资金的损失。二是目前在合作社的运营中，村主任并不太清楚合作社详细的经营情况，贫困户参与也不多，合作社经营情况的透明度、规范性还需要进一步加强。

第四节　小结

产业扶贫以发展贫困地区特色产业为主要手段，对于那些有一定劳动能力，但是在自身条件及当地经济发展水平的制约下尚未脱贫的贫困村民，其初衷是提升自身发展能力，使贫困村民实现造血式"真脱贫"。不过，在村庄产业扶贫的具体实践中，产业扶贫项目的运行机制、利益分享机制、建设运营、长期运行保障的成效究竟如何，产业扶贫项目是否真正取得了市场竞争力，贫困农户是否真正提高了技术和市场能力，获得了长期稳定的增收途径，要回答这些问题，还需要通过村庄调研进行深入的了解和分析。

就寺尔沟村产业扶贫项目而言，项目实施的大环境良好。在中央政府的大力支持下，青海省制定了全面精准的产业扶贫政策，全面构建了到县、到村、到户的产业扶贫体系，投入了大量财政扶贫资金，也有了泽库县宁秀乡拉格日村这样可以学习参考的优秀案例。而寺尔沟村本身具有发展高原特色养殖产业扶贫的资源与区位优势，其自然环境条件适于生产优质的无污染绿色农产品，草场资源丰富，牧草资源优质，产品市场认可度高。

2016年寺尔沟村企业生态养殖专业合作社正式成立，该合作社成为该村产业扶贫项目承载主体。项目规划由门源县东川镇人民政府制订，分红以"负盈不负亏"为原则，每年底按照注入资金额度10%的比例进行分红。项目建设实际总投资为326.72万元，其中贫困户扶贫资金为94.72万元，固定投资200多万元，占总投资额的60%以上。2016年至2019年上半年，合作社的生产经营活动正常开展，主要养殖湖羊和西门塔尔肉牛。在不计入固定资产折旧的条件下，2016年盈利20万元，2017年扣除贷款利息后盈利约10万元，2018年则亏损8万元左右。

2019年进一步调整牛羊养殖比例，目前养殖30多头牛和600多只羊。由于牛犊羊羔的购买或繁育成本已经计入2017~2018年度的成本收入计算中，因此2019年无需再重复计入，但是2019年的收入除去剩余的60万元贷款的5万元利息、23万元人工和饲料成本以及红利后，合作社的盈利情况仍然不太乐观；在贷款还清后，合作社的流动资金来源堪忧。

在国家产业扶贫政策的扶持下，寺尔沟村产业扶贫项目的运行机制设计是系统完整的，投资来源也是有保障的。不过，在项目的实际运行中还是遇到了一些问题，主要体现在项目管理、政府与市场平衡、成本收益、项目可持续性等方面。政府认为在产业项目实施过程中政府管理的难度大。产业扶贫项目过于依赖政府的行政力量，在3年的运行过程中没有实现资金的良性流动，对政府扶持的过度依赖没有得到缓解，合作社未真正实现市场化运作，没有利润积累，没有形成再生产或扩大再生产的能力，缺乏市场竞争力。在合作社养殖基地建设的过程中，合作社在项目规划中开展了简单的投资和成本估算、进行了产品设计、开展了效益分析，但是在运营过程中，对项目还是缺乏合理的技术经济分析且没有及时调整，使得资金没有得到优化合理的利用，从一开始就没有达到使项目正常健康运转的现金流入和收益水平。农户参与、利益共享的合作机制初步建成，但是在扶贫项目经营不良、盈利下降甚至亏损的情况下，存在入股农户利益保障有难度、贫困农户参与度不高的问题。

第七章

扶贫经验与存在的问题

近年来，寺尔沟村在各级政府的扶持和社会各界的帮扶下，精准脱贫精准扶贫工作取得了长足的进展，获得了一些具体的实践经验，但也遇到了一些实际问题，具体分析如下。

第一节　扶贫经验

寺尔沟村在精准扶贫精准脱贫过程中主要取得了以下几点实践经验。

第一，精准识别，精准施策。按照"群众申请、民主评议、村级评审公示、乡（镇）审核公示、县级审定公告"的"五步法"建档立卡精准识别程序，通过一家一户调研摸底和评议申请、公示公告、抽签审核、信息录入等精准识别程序，精准识别贫困对象，识别过程透明、公开和民主。使用"户有本、村有册、乡有簿、县有电子档"的台账式管理系统，全村贫困人口"一户一档"，根据贫困村民的家庭条件和致贫原因，制订了"一户一策、一人一法"脱贫方案。

第二，规划先行，明确发展思路。为了促进寺尔沟村的经济发展和脱贫扶贫进程，东川镇政府先后制订了《门源县2016年东川镇寺尔沟村精准扶贫产业扶持项目实施方案》（以下简称《实施方案》）和《寺尔沟村美丽乡村建设规划》。《实施方案》对项目的建设条件、建设目标和内容、投资形式与投资估算、效益分析、运行机制、扶贫资金及入股分红方式、组织管理进行了详细的规划，提出以"合作社+贫困户"的形式，将扶贫资金入股到村企合作社，并由合作社分阶段发展种植、养殖业，为寺尔沟村开展产业扶贫提出了基本方向。《寺尔沟村美丽乡村建设规划》提出，要根据寺尔沟村的自然条件和生态优势，以"林中村、村中林"为目标进行布局，使寺尔沟村具有集生态宜居、农牧业产业集聚和休闲旅游为一体的整体功能。规划评审通过后，东川镇党委和寺尔沟村村两委组织了11家结对援建和联点扶贫单位召开座谈会进行沟通协商，详细了解群众在美丽乡村建设、环境卫生整治、河道治理、村庄管理等方面的需求，明确了援建目标。在此基础上，各级政府积极整合各种渠道的资金，开展基础设施建设，不断改善村庄生产生活条件，提升基础设施的支撑能力。脱贫扶贫和村庄建设规划的制订与实施，提高了国家项目实施的合理性、科学性，使国家资金使用更加有效，更加符合当地的经济社会和生态环境条件，更能满足当地群众最迫切的实际需要，提升了国家资金投入的经济、社会与生态效益。

第三，集中投入抓好基础设施建设。基础设施建设是基本民生的保障，也是贫困农村地区发展产业的先决条件。近年来，我国不断加强贫困地区基础设施建设，贫困地区全面实现了村村通电、村村通路、村村通电视，但从城乡统筹发展和全面小康的标准来看，很多贫困乡村的基础设施建设还不完善，需要进一步提高。寺尔沟村美丽乡村建设项目实施了道路、水电、文化广场等一大批基础设施工程，硬化道路，开展危岩体治理、河道治理，修建了乡村生态广场和体育广场，配备了太阳能路灯、篮球场、健身器材等，极大地改善了村庄生产生活条件，提升了基础设施的支撑能力，为村民提供了更多的公共服务。

第四，结对帮扶到村到户。在寺尔沟村精准脱贫精准扶贫过程中，结对帮扶到村、到户的扶贫机制发挥了巨大的作用。自 2015 年起，门源县和东川镇建立健全了结对帮扶到村、到户工作机制，镇政府选派了第一书记和驻村工作队队员入驻寺尔沟村开展帮扶。第一书记和扶贫驻村干部协助制订了贫困村脱贫规划，并利用工作单位及岗位优势，积极申请争取帮扶项目、资金、物资等，提供就业信息，联系有关单位提供就业岗位等，使结对帮扶工作起到了一定的实效。同时，针对寺尔沟村扶贫工作的不同内容，青海省从省到州到县的各级派出单位积极提供了"项目、资金、责任"三捆绑的援建支持。青海省煤炭地质局、海北州委组织部、州发改委、州安监局、州民宗委、州森林公安局和门源县政协办公室、县委宣传部、县交通局、县经商和安监局、县残联等多家省州县结对援建和联点扶贫单位结合各自实际，积极发挥部门职能优势，积极整合各方资源，提供了具有实质意义的援建项目和援建措施，为寺尔沟村的扶贫脱贫进程提供了充分的支持。

第五，教育扶贫到户，促进教育公平。积极落实国家的教育扶持政策，让每个贫困家庭的孩子都能接受良好的学前教育、义务教育和高等教育。国家为寺尔沟村配备了一个幼儿走教点，长期居住在村里的儿童几乎都在幼儿走教点就学。小学阶段适龄儿童几乎全部在东川镇寄宿制小学就读。初中阶段和高中阶段适龄人口大多在门源县寄宿制中学就读。门源县对全县农村牧区义务教育阶段学校寄宿制学生和非寄宿制学生提供学生营养餐补助，对高中春季学期和义务教育阶段贫困寄宿生提供生活费补助，寺尔沟村家庭经济困难的寄宿小学、中学和高中生普遍受益。在大中专教育方面，贫困家庭的学生可申请得到青海省三江源地区异地办学奖补资助，大大减轻了贫困农牧民家庭孩子就学的经济压力。真正实现了不让一个农户因为孩子接受教育而贫困或返贫。

第六，社会保障扶贫，加强生活保障。寺尔沟村共有"两线合一"建档立卡贫困户45户、154人，其中多达41户是因病致贫，有3户是因家庭缺乏劳动力，1户是因为缺乏技术。对于这部分贫困村民，国家提供的社会保障政策就成为他们脱贫的一个重要手段。对贫困对象中符合农村低保、医疗救助、临时救助、住房救助等条件的，及时落实相关政策，给予相应补助救助。2016年，寺尔沟村村民获得的国家救助扶助金共计为1442886元，极大地减轻了村民的经济压力。其中包括低保金、五保金、残疾人生活补贴、大病救助、临时救助、困境儿童补助、养老金、高龄老人补贴等。为村民报销医疗费达到至少28%。同时，对符合农牧区危旧房改造的帮扶对象，优先安排改造，2016年共为9户村民提供了危旧房改造资金。

第七，依托草场优势，发展养殖产业扶贫。产业扶贫主要是针对有全部或部分劳动能力，但是受自身条件及当地经济发展水平的制约而创收能力差的贫困村民。寺尔沟村自然环境优良，草场资源丰富，适于生产优质无污染绿色农产品；村民具有丰富的特色养殖经验，当地畜牧业的经营管理水平较高。依托寺尔沟村得天独厚特色养殖业优势，2016年3月，寺尔沟村成立了生态养殖专业合作社，在该村大东沟滩修建了养殖场，以合作社为主体实施产业扶贫项目。该项目建设以"合作社＋贫困户"的形式，按照贫困户的个人意愿，将精准脱贫户的扶贫资金（按藏区每人6400元）投入村企生态养殖专业合作社中，按照"负盈不负亏"的原则，无论企业盈利或亏损，年底按照注入资金额度10%的比例进行分红。项目建设实际总投资为

326.72 万元，其中，门源县扶贫办拨付的贫困户扶贫资金为 94.72 万元，从当地农业银行贷款 180 万元，其余为各级政府部门的扶持资金。

第二节　存在的问题

近年来，在国家政策的大力扶持和社会各界的积极帮扶下，寺尔沟村精准脱贫精准扶贫机制系统完整，投资来源也有保障，各级政府、村两委和村民也有积极性。在多方努力下，寺尔沟村的扶贫工作取得了明显的进展，村庄基础设施条件有了明显改善，贫困农户的生活条件、收入水平和增收能力有了显著的提升。不过，在扶贫脱贫过程中，尤其是在产业扶贫项目的实际运行中，项目管理、政府与市场平衡、成本收益、项目可持续性等方面出现了一些问题。

第一，产业项目实施过程中政府管理难度大、风险大。东川镇政府是寺尔沟村产业扶贫项目的基层管理机构；保证贫困户扶贫资金的安全和分红资金的按期发放，实现贫困户的预期脱贫，是东川镇政府的首要责任。为此，东川镇政府在项目实施前认真审核项目实施方案，通过协调将政府提供的入户扶贫资金注入村企专业合作社，并利用扶贫资金担保使当地农业银行为合作社提供商业贷款，并提供第一年免息优惠。但寺尔沟村专业合作社刚刚起步，无任何具有较高价值的有效抵押物资产，无法进行评估和办理公证等手续，在扶贫资金注入时无法以有效抵押保证投入资金的安全。另外，作为一家新成立的合作社，其组织者和经营者当时并没有大规模生产经营和市场运作的经验，该项目管理难度高，具有一定的经济风险，对于当地政府来说是一项较大的挑战。

第二，在合作社养殖基地建设的过程中，没有对项目投资进行科学合理的技术经济分析，使得资金没有得到优化合理的利用。村企产业扶贫项目总投资在300万元以上，固定资产投资比重较大，而流动资产（如牛犊和羔羊的购置成本）也需要大量的流动资金。在分配资金的时候，合作社未能合理分配固定资产的投入比例，科学估算和保障项目的流动资金，影响了项目的正常运营。

第三，寺尔沟村产业扶贫项目过于依赖政府的行政力量，在3年的运行过程中并没有实现资金的良性流动；项目在投资、固定资产建设、流动资金等方面对政府扶持的依赖性一直很强。在这一情况下，合作社在3年多的运行中未真正实现市场化运作，没有利润积累，没有形成再生产或扩大再生产的能力，缺乏市场竞争力，项目的长期可持续性有所欠缺。

第八章

总结与建议

消除贫困是我国实现"到 2020 年全面建成小康社会"
奋斗目标的重要内容。党的十九大报告指出"让贫困人
口和贫困地区同全国一道进入全面小康社会",重申了到
2020 年我国现行标准下农村贫困人口实现脱贫的庄严承
诺,并要求做到"真脱贫",从而使这一部分贫困群体也
能够分享我国经济增长的成果。目前,我国正处于"脱贫
攻坚"阶段,必须举全党全国全社会之力量坚决打赢脱贫
攻坚战。为此,近年来国家进一步加大了扶贫的力度,颁
布了一系列精准扶贫政策,将扶贫力度提高到了前所未有
的程度。

贫困村庄是我国接受国家扶贫政策的基础单位,从
"村庄"这一微观层面了解贫困村庄的贫困状况及扶贫实
践的特点和进展,能够及时了解和展示处于我国脱贫攻坚

战最前沿的贫困村的贫困状况、脱贫动态和社会经济发展趋势，从村庄脱贫实践中总结当前精准扶贫精准脱贫的经验教训，对于促进我国的扶贫脱贫进程、有效解决我国农村发展问题、构建和谐社会具有重要意义。中国社会科学院组织的"精准扶贫精准脱贫百村调研"课题子课题组对青海省门源县东川镇寺尔沟村开展调研，为了解基层贫困及扶贫工作提供了一个良好的机会。本书是对该村以产业扶贫为重点实施精准扶贫实践的调研报告。

本调研报告分析了寺尔沟村所在地区和寺尔沟村的基本情况；探讨了该村人口与劳动力流动情况；在村庄调研和入户研究的基础上，研究了村庄农业生产与经营、农户家庭收入与支出、村民家庭和社会生活、村民社会保障等情况；了解了村庄精准扶贫精准脱贫政策和措施，并重点调研了寺尔沟村产业扶贫项目的进展情况、实施效果与存在的问题。本调研报告对寺尔沟村的经济与社会发展进行了较为客观深入的评价，对寺尔沟村开展的精准扶贫精准脱贫工作也有了较为深刻的认识。

寺尔沟村位于达坂山脚下、浩门河南岸，是青海省海北州门源县东川镇脑山半脑山地区的一个省定重点贫困村。相对于当地其他的贫困村庄，寺尔沟村的自然资源和区位因素优势更多，气候相对暖和，土壤比较肥沃，水资源相对丰富，具备生产绿色农产品的条件。近年来的基础设施升级改造极大地改变了村庄的生产生活条件，为村庄与外界的商品、信息交换提供了必要的条件。不过，寺尔沟村经济活动仍以传统的农牧业为主，产业结构单一，规模小、附加值低、抗风险能力弱，限制了贫困农牧民增加收入的途径。另外，贫困户家庭健康状况较差、技能水平较低，在劳动力数量和结构、务工天数、日均收入等方面与非贫困户存在显著的差异，影响了贫困户的劳动创收能力。同时，医药费用等成本大大增加，贫困户疾病或残疾发生率高、创收能力差，使得贫困户收入增长更加缓慢、家庭支出费用增加；造成了寺尔沟村贫困人口的"收少支多型"贫困。

对于那些没有条件通过自身努力和市场回报实现脱贫的贫困人口，国家的扶贫政策是为贫困村民提供风险保障和兜底保障来实现脱贫。2016年寺尔沟村村民获得的国家救助扶助金共计为1442886元，包括粮食直补及农资综合补贴、退耕还林还草政策补助、重点公益林补偿金、草原补贴、学校贫困寄宿生生活补助资金、危旧房改造、大学生助学补助资金、残疾人补助资金、农村最低生活保障资金、农村五保资金（分散生活）、大病救助金、临时救助金、60岁以上养老金、高龄老人生活补贴、困境儿童补助资金等，贫困户能够直接受益。不过，寺尔沟村村民的收入中，来自国家的转移收入占到了两成左右，贫困户所获得的国家转移收入占比更高，为贫困户人均纯收入的一半。

对于那些有一定劳动能力，但是在自身条件及当地经济发展水平的制约下尚未脱贫的贫困村民，促进贫困地区特色产业发展是提升贫困村民自身发展能力、实现"造血式""真脱贫"的一个重要手段。村庄入户调研能够帮助我们深入了解产业扶贫项目的运行机制、利益分享机制、建设运营效果、长期运行保障的成效以及产业扶贫项目主体是否真正取得了市场竞争力、贫困农户是否真正提高了技术和市场能力、获得了长期稳定的增收途径。

2016 年成立的寺尔沟村企业生态养殖专业合作社，是寺尔沟村产业扶贫项目的实施主体。项目实施的政策环境良好，在中央政府的大力支持下，青海省制定了全面精准的产业扶贫政策，全面构建了到县、到村、到户的产业扶贫体系，投入了大量财政扶贫资金。同时，青海省已经有了泽库县宁秀乡拉格日村这样可以学习参考的优秀案例。而寺尔沟村自然环境条件适于生产优质的无污染绿色农产品，草场资源丰富，牧草资源优质，产品市场认可度高，具有发展高原特色养殖产业扶贫的资源与区位优势。

寺尔沟村产业扶贫项目的运行机制设计系统完整，投资来源有保障，实施过程顺利。不过，在项目实际的运营过程中出现了一些问题，主要体现在项目管理、政府与市场平衡、成本收益、项目可持续性等方面。政府认为在产业项目实施过程中政府管理的难度大；而产业扶贫项目则过于依赖政府的行政力量，忽视了按成本收益分析开展经营，没有实现资金的良性流动和利润积累，没有形成再生产或扩大再生产的能力，缺乏市场竞争力。农户参与、利益共享的合作机制建成，但是也有在扶贫项目经营不良、盈利下降甚至亏损的情况下，入股农户利益保障有难度、贫困农户参与度不高的问题。在今后的产业扶贫过程中一定要关注这一类问题。

今后，在对贫困村庄实施特色产业扶贫时，要做到以下几点。第一，先需要组织专业人员进行科学规划，开展技术经济分析，要紧密围绕市场需求和项目本身的经济特点，确定合理的品种和规模，保障产品质量，控制项目的成本收益，从而使产业扶贫项目能够在市场竞争环境中取得盈利，获得自我发展的动力，使产业扶贫项目既能收到当前扶贫"短平快"的增收实效，也能够实现长远的可持续发展。

第二，对农村"能人"进行全面的重点培训，使他们能够承担起引领产业扶贫的责任。寺尔沟村产业扶贫项目属于"能人"带动的一种扶贫项目，项目的成功在很大程度上取决于"能人"的技术水平和管理能力。一般情况下，农村"能人"具有丰富的家庭生产经验，但是未必具有规模化农业生产的技术经验，也未必具有企业管理经验。因此，对于农村"能人"带动的产业扶贫项目，一定要对带头人重点开展相关技术和管理能力的培训，提高国家资金的使用效率，促进项目的长期可持续运行。

第三，在产业扶贫项目实施过程中，要建立真正的农户参与、利益共享的合作机制，提高项目的透明度，增加农户的参与度，使贫困村民与扶贫项目的关系不仅仅局限于农户扶贫资金入股一项，而是拓展为提供劳动力、参与市场销售等多种参与方式。使农户真正参与产业扶贫、实现利益共享，使贫困村民在增加收入的同时，还能提高技术水平和市场能力，从而缩小与其他非贫困村民在收入、生活水平和社会地位方面的差距。

第四，开展科技扶贫，提高贫困人口素质。当地政府应加大智力扶贫力度，加大养殖业实用技术培训力度，使更多的贫困人口掌握实用技术和操作技能，使贫困人口的素质得到普遍提高，技术能力得到普遍增强，培养贫困人口的"造血"功能。

第五，保持产业扶贫发展政策的连续性。养殖产业的发展需要较长时间不间断的扶持，直至其能自我良性发展，这样才能充分发挥产业扶贫的效果。寺尔沟村养殖产业扶贫项目与一般市场化的养殖项目不同，大部分的投资来自国家的资金，如果在寺尔沟村实现脱贫目标后对该项目的扶持迅速减少，将会在很大程度上影响该项目的长期生存和可持续发展。因此，对于该产业扶贫项目，在寺尔沟村整体上实现村庄脱贫目标后，国家仍应继续在合理范围内给予一定的优惠政策，并且促使产业扶贫项目尽早实现市场化的运行和可持续发展。

参考文献

马斌毅、朱成青：《青海省民族自治地区精准扶贫问题研究——基于海北藏族自治州的调查》，《攀登》2018年第1期。

陈来生、霍学喜：《我国绿色农业发展途径和体系建设探讨——以青海门源盆地为例》，《开发研究》2006年第4期。

海北新媒：《第二届海北最美乡村（四）青山绿水美田园：寺尔沟村》，金门源信息网，http://www.qh.xinhuanet.com/myx/2018-07/03/c_1123073123.htm。

李卫平：《对青海省出生人口性别比的分析与思考》，《攀登》2006年第5期。

韩金花：《门源县"粮改饲"发展草食畜牧业试点模式调研》，《青海畜牧兽医杂志》2017年第4期。

苑尔芯、彭必源：《改革开放以来青海省农村居民收入状况分析》，《科技信息》2010年第15期。

赵国峰、李建民：《村庄内部收入差异及农民的认识——基于江、浙、冀、赣、川五省的情况调查分析》，《经济与管理》2007年第2期。

达哇才让：《多民族杂居村落中不同文化的一致性和差异性

研究——对青海省农牧区互嵌式居住村落的抽样调查》,《青藏高原论坛》2017年第4期。

刘伟、刘谨:《中国农村村民自治:何种民主?何以民主》,《领导科学论坛》2016年第1期。

张寒冰、王卫东、侯天慧等:《我国农村慢性病患病率的调查与分析》,《山西职工医学院学报》2016年第1期。

王兴辉:《关于进一步做好门源县城乡居民社会养老保险工作的几点思考》,新华网,http://health.cnr. cn/jkgdxw/20150616/ t20150616_518860743.shtml,2015年6月16日。

左停:《稳定脱贫的制度设计和路径选择》,《光明日报》2018年9月25日。

王春光:《社会治理视角下的农村开发扶贫问题研究》,《中共福建省委党校学报》2015年第3期。

梁晨:《产业扶贫项目的运作机制与地方政府的角色》,《北京工业大学学报》(社会科学版)2015年第5期。

申红兴:《构建青海藏区产业扶贫动力机制研究》,《宁夏社会科学》2014第4期。

吴占云:《"拉格日模式"让泽库县走上现代化生态畜牧业之路》,《青海日报》2018年7月27日。

门源县委宣传部:《2017年门源县脱贫攻坚工作回顾之六:政策落实情况之强化产业扶贫、突出精准性》,金门源信息网,http://www.qh.xinhuanet.com/myx/ 2018-10/12/c_1123551944. htm,2018年10月12日。

王有良:《门源县草地利用现状及可持续利用措施》,《草业与畜牧》2007年第10期。

后　记

　　消除贫困是我国实现"到2020年全面建成小康社会"奋斗目标的重要内容。党的十九大报告指出"让贫困人口和贫困地区同全国一道进入全面小康社会",重申了到2020年我国现行标准下农村贫困人口实现脱贫的庄严承诺。我国目前正处于"脱贫攻坚"的关键时期,国家进一步加大了扶贫的力度,颁布了一系列的精准扶贫政策,将扶贫力度提高到了前所未有的程度,但是脱贫难度也在日益增加,必须开展精准扶贫精准脱贫,把扶贫工作落实到每一个贫困户、每一个贫困人口。

　　开展精准扶贫需要精准调研提供决策支撑。这就要求我们必须深入基层了解我国农村的贫困及扶贫现状,在此基础上,准确分析贫困成因、扶贫政策措施效果、存在的问题和发展方向,从而为精准扶贫精准脱贫提供真实可靠的信息。为此,2016年,中国社会科学院组织实施"精准扶贫精准脱贫百村调研"国情调研特大项目,分别由李培林副院长和刘永富主任出任总课题组联合组长。该课题拟在全国范围内选择100个贫困村同期开展村庄国情调研,并开展整体性研究。

经数量经济与技术经济研究所申请并经中国社会科学院科研局批准，课题组对青海省门源县东川镇寺尔沟村开展了为期一年半的精准扶贫精准脱贫调研。子调研课题的负责人为数量经济与技术经济研究所副研究员王红。主要调研内容包括村庄基本状况、贫困状况及其演变、贫困的成因、减贫历程及成效、脱贫和发展思路等，针对门源县东川镇寺尔沟村的特点，还开展了产业扶贫的专题调研。

　　本课题组于 2016 年底至 2017 年 7 月开展了三次实地调研。第一次调研于 2016 年 12 月 7 日至 12 日进行，主要是对省、县、乡扶贫部门进行调研，并对调研村进行摸底调查，部分填写村问卷，收集住户信息，并就相关问题开展初步调查。第二次调研于 2017 年 2 月 13 日至 27 日进行，主要开展贫困户和非贫困户的抽样问卷调查，并辅以其他调查，补充村问卷未完成部分。第三次调研于 2017 年 7 月 17 日至 22 日进行，主要是了解 2017 年上半年的村庄最新发展变化，并就相关问题开展补充性和扩展性调查。调研采取了多种调研方法，包括访谈调查、实地观察、会议调查、抽样问卷调查、典型调查和文献调查等。

　　在课题实施过程中课题组得到了来自各方的大力支持。中国社会科学院科研局在调研内容、方法和报告撰写方面给予了细致的指导。数量经济与技术经济研究所科研处等部门的领导和同事对课题实施给予了全程指导。青海省扶贫开发局、门源县扶贫开发局和东川镇政府为入村调研的顺利开展进行了细致的协调工作，提供了青海省、门源县和东川镇扶贫工作政策措施等资料。来自数量经济与技术经济研究所和青海大学等单位的课题组成员在调研过程中工作认真努力，提供了很大的帮助。在此一并致谢。

王 红

2020 年 4 月

图书在版编目（CIP）数据

精准扶贫精准脱贫百村调研. 寺尔沟村卷：能人带
动实施产业扶贫 / 王红著. -- 北京：社会科学文献出
版社, 2020.6
　　ISBN 978-7-5201-5857-2

　　Ⅰ. ①精… 　Ⅱ. ①王… 　Ⅲ. ①农村-扶贫-调查报告
-门源回族自治县 　Ⅳ. ①F323.8

中国版本图书馆CIP数据核字（2019）第278987号

· 精准扶贫精准脱贫百村调研丛书 ·

精准扶贫精准脱贫百村调研 · 寺尔沟村卷
——能人带动实施产业扶贫

著　　者 / 王　红

出 版 人 / 谢寿光
组稿编辑 / 邓泳红　陈　颖
责任编辑 / 陈晴钰

出　　版 / 社会科学文献出版社 · 皮书出版分社 （010）59367127
　　　　　 地址：北京市北三环中路甲29号院华龙大厦 　邮编：100029
　　　　　 网址：www.ssap.com.cn

发　　行 / 市场营销中心（010）59367081　59367083
印　　装 / 三河市尚艺印装有限公司

规　　格 / 开本：787mm×1092mm 1/16
　　　　　 印　张：11.75　字　数：114千字
版　　次 / 2020年6月第1版　2020年6月第1次印刷
书　　号 / ISBN 978-7-5201-5857-2
定　　价 / 59.00元

本书如有印装质量问题，请与读者服务中心（010-59367028）联系